21 世纪全国高等院校汽车类创新型应用人才培养规划教材

汽车构造学习指导与习题详解

主　编　肖生发
副主编　周红妮　邓召文

内 容 简 介

本书是与北京大学出版社出版、肖生发主编的《汽车构造(第 2 版)》配套使用的系列教材,也是一本独立的学习汽车结构的参考书。

本书体系完整,内容全面且新颖,学习指导总结概括精练,习题形式丰富多样。

本书既可作为教师授课的参考书,又可作为本科和大专学生的辅导与练习读物,还可以作为编制试卷的试题库,以及汽车爱好者自学、自测的参考用书。

图书在版编目(CIP)数据

汽车构造学习指导与习题详解/肖生发主编. —北京:北京大学出版社,2013.2
(21 世纪全国高等院校汽车类创新型应用人才培养规划教材)
ISBN 978-7-301-22066-5

Ⅰ. ①汽… Ⅱ. ①肖… Ⅲ. ①汽车—构造—高等学校—教学参考资料 Ⅳ. ①U463

中国版本图书馆 CIP 数据核字(2013)第 022503 号

书　　　　名:	汽车构造学习指导与习题详解
著作责任者:	肖生发　主编
策 划 编 辑:	童君鑫
责 任 编 辑:	童君鑫　黄红珍
标 准 书 号:	ISBN 978-7-301-22066-5/TH·0334
出 版 发 行:	北京大学出版社
地　　　　址:	北京市海淀区成府路 205 号　100871
网　　　　址:	http://www.pup.cn　新浪官方微博:@北京大学出版社
电 子 信 箱:	pup_6@163.com
电　　　　话:	邮购部 62752015　发行部 62750672　编辑部 62750667　出版部 62754962
印 　刷　 者:	北京世知印务有限公司
经 　销　 者:	新华书店
	787 毫米×1092 毫米　16 开本　11.5 印张　261 千字
	2013 年 2 月第 1 版　2014 年 1 月第 2 次印刷
定　　　　价:	26.00 元

未经许可,不得以任何方式复制或抄袭本书之部分或全部内容。

版权所有,侵权必究

举报电话: 010-62752024　　电子信箱: fd@pup.pku.edu.cn

前　言

　　学习《汽车构造》，通过大量的练习来理解和消化课程内容是了解和掌握汽车结构基本概念和相关知识的重要途径。在多年的教学实践中，编者深感教师和学生需要一本包括学习指导以及习题集的教学参考书；同时，由湖北汽车工业学院创建的《汽车构造》国家精品课程也需要增加更多的辅助教学资料。由此，为满足师生们教与学的要求以及丰富国家精品课程内容的需要，结合编者多年一线教学经验，精心编写了这本《汽车构造学习指导与习题详解》。

　　本书内容包括绪论，汽车发动机的基本知识，曲柄连杆机构，配气机构，化油器式汽油机供给系统，电控汽油喷射系统，柴油机燃料供给系统，电控柴油喷射系统，进、排气系统及排气净化装置，冷却系统与润滑系统，点火系统与起动系统，汽车底盘的基本知识，离合器，变速器与分动器，自动变速器，万向传动装置，驱动桥，车架、车桥和车轮，悬架，汽车转向系统，汽车制动系统，新能源汽车。每章都由学习指导和习题与习题详解两部分构成。学习指导部分包括本章基本内容与要点，名词术语，分类、组成及基本工作原理等。

　　本书是与北京大学出版社出版、肖生发主编的《汽车构造（第2版）》配套使用的系列教材，也是一本独立的学习汽车结构的参考书。本书体系完整，内容全面且新颖，学习指导总结概括精练，习题形式丰富多样。本书既可作为教师授课的参考书，又可作为本科和大专学生的辅导与练习读物，还可以作为编制试卷的试题库，以及汽车爱好者自学、自测的参考用书。

　　本书由湖北汽车工业学院肖生发教授任主编，周红妮、邓召文任副主编，康元春、高伟、王金虎、赵慧勇参加编写。在本书编写过程中，得到了湖北汽车工业学院教务处和汽车工程系的大力支持，谨此致谢。

　　由于编者水平所限，加之时间仓促，望广大读者对书中不足之处批评指正。

编　者

2012年11月

目 录

绪论 …………………………… 1
  0.1 学习指导 ………………… 1
      0.1.1 本章基本内容与要点 …… 1
      0.1.2 名词术语 ……………… 2
      0.1.3 分类、组成 …………… 2
  0.2 习题与习题详解 …………… 3
      0.2.1 本章习题 ……………… 3
      0.2.2 习题详解 ……………… 3

第1章 汽车发动机的基本知识 ………… 5
  1.1 学习指导 ………………… 5
      1.1.1 本章基本内容与要点 …… 5
      1.1.2 名词术语 ……………… 6
      1.1.3 分类、组成及基本工作原理 ………………… 7
  1.2 习题与习题详解 …………… 8
      1.2.1 本章习题 ……………… 8
      1.2.2 习题详解 ……………… 10

第2章 曲柄连杆机构 ………………… 14
  2.1 学习指导 ………………… 14
      2.1.1 本章基本内容与要点 …… 14
      2.1.2 名词术语 ……………… 14
      2.1.3 分类、组成及基本工作原理 ………………… 15
  2.2 习题与习题详解 …………… 17
      2.2.1 本章习题 ……………… 17
      2.2.2 习题详解 ……………… 20

第3章 配气机构 ……………………… 24
  3.1 学习指导 ………………… 24
      3.1.1 本章基本内容与要点 …… 24
      3.1.2 名词术语 ……………… 24
      3.1.3 分类、组成及基本工作原理 ………………… 24
  3.2 习题与习题详解 …………… 27
      3.2.1 本章习题 ……………… 27
      3.2.2 习题详解 ……………… 30

第4章 化油器式汽油机供给系统 …… 33
  4.1 学习指导 ………………… 33
      4.1.1 本章基本内容与要点 …… 33
      4.1.2 名词术语 ……………… 33
      4.1.3 分类、组成及基本工作原理 ………………… 34
  4.2 习题与习题详解 …………… 35
      4.2.1 本章习题 ……………… 35
      4.2.2 习题详解 ……………… 38

第5章 电控汽油喷射系统 …………… 42
  5.1 学习指导 ………………… 42
      5.1.1 本章基本内容与要点 …… 42
      5.1.2 名词术语 ……………… 42
      5.1.3 分类、组成及基本工作原理 ………………… 42
  5.2 习题与习题详解 …………… 45
      5.2.1 本章习题 ……………… 45
      5.2.2 习题详解 ……………… 48

第6章 柴油机燃料供给系统 ………… 52
  6.1 学习指导 ………………… 52
      6.1.1 本章基本内容与要点 …… 52
      6.1.2 名词术语 ……………… 52
      6.1.3 分类、组成及基本工作原理 ………………… 52
  6.2 习题与习题详解 …………… 54
      6.2.1 本章习题 ……………… 54
      6.2.2 习题详解 ……………… 58

第 7 章 电控柴油喷射系统 …… 61

- 7.1 学习指导 …… 61
  - 7.1.1 本章基本内容与要点 …… 61
  - 7.1.2 名词术语 …… 61
  - 7.1.3 分类、组成及基本工作原理 …… 61
- 7.2 习题与习题详解 …… 63
  - 7.2.1 本章习题 …… 63
  - 7.2.2 习题详解 …… 64

第 8 章 进、排气系统及排气净化装置 …… 66

- 8.1 学习指导 …… 66
  - 8.1.1 本章基本内容与要点 …… 66
  - 8.1.2 名词术语 …… 66
  - 8.1.3 分类、组成及基本工作原理 …… 67
- 8.2 习题与习题详解 …… 68
  - 8.2.1 本章习题 …… 68
  - 8.2.2 习题详解 …… 69

第 9 章 冷却系统与润滑系统 …… 71

- 9.1 学习指导 …… 71
  - 9.1.1 本章基本内容与要点 …… 71
  - 9.1.2 名词术语 …… 71
  - 9.1.3 分类、组成及基本工作原理 …… 71
- 9.2 习题与习题详解 …… 73
  - 9.2.1 本章习题 …… 73
  - 9.2.2 习题详解 …… 75

第 10 章 点火系统与起动系统 …… 78

- 10.1 学习指导 …… 78
  - 10.1.1 本章基本内容与要点 …… 78
  - 10.1.2 名词术语 …… 78
  - 10.1.3 分类、组成及基本工作原理 …… 78
- 10.2 习题与习题详解 …… 80
  - 10.2.1 本章习题 …… 80
  - 10.2.2 习题详解 …… 83

第 11 章 汽车底盘的基本知识 …… 87

- 11.1 学习指导 …… 87
  - 11.1.1 本章基本内容与要点 …… 87
  - 11.1.2 名词术语 …… 87
  - 11.1.3 分类、组成及基本工作原理 …… 88
- 11.2 习题与习题详解 …… 89
  - 11.2.1 本章习题 …… 89
  - 11.2.2 习题详解 …… 90

第 12 章 离合器 …… 93

- 12.1 学习指导 …… 93
  - 12.1.1 本章基本内容与要点 …… 93
  - 12.1.2 名词术语 …… 93
  - 12.1.3 分类、组成及基本工作原理 …… 94
- 12.2 习题与习题详解 …… 95
  - 12.2.1 本章习题 …… 95
  - 12.2.2 习题详解 …… 97

第 13 章 变速器与分动器 …… 100

- 13.1 学习指导 …… 100
  - 13.1.1 本章基本内容与要点 …… 100
  - 13.1.2 名词术语 …… 100
  - 13.1.3 分类、组成及基本工作原理 …… 101
- 13.2 习题与习题详解 …… 102
  - 13.2.1 本章习题 …… 102
  - 13.2.2 习题详解 …… 104

第 14 章 自动变速器 …… 107

- 14.1 学习指导 …… 107
  - 14.1.1 本章基本内容与要点 …… 107
  - 14.1.2 名词术语 …… 107
  - 14.1.3 分类、组成及基本工作原理 …… 107
- 14.2 习题与习题详解 …… 109

  14.2.1 本章习题 ………………… 109
  14.2.2 习题详解 ………………… 110

第15章 万向传动装置 ………… 112

 15.1 学习指导 …………………… 112
  15.1.1 本章基本内容与要点 … 112
  15.1.2 名词术语 ………………… 112
  15.1.3 分类、组成及基本工作
     原理 ………………………… 112
 15.2 习题与习题详解 …………… 114
  15.2.1 本章习题 ………………… 114
  15.2.2 习题详解 ………………… 117

第16章 驱动桥 ……………………… 120

 16.1 学习指导 …………………… 120
  16.1.1 本章基本内容与要点 … 120
  16.1.2 名词术语 ………………… 120
  16.1.3 分类、组成及基本工作
     原理 ………………………… 121
 16.2 习题与习题详解 …………… 123
  16.2.1 本章习题 ………………… 123
  16.2.2 习题详解 ………………… 126

第17章 车架、车桥和车轮 ……… 130

 17.1 学习指导 …………………… 130
  17.1.1 本章基本内容与要点 … 130
  17.1.2 名词术语 ………………… 130
  17.1.3 分类、组成及基本工作
     原理 ………………………… 131
 17.2 习题与习题详解 …………… 133
  17.2.1 本章习题 ………………… 133
  17.2.2 习题详解 ………………… 136

第18章 悬架 ………………………… 140

 18.1 学习指导 …………………… 140
  18.1.1 本章基本内容与要点 … 140

  18.1.2 名词术语 ………………… 140
  18.1.3 分类、组成及基本工作
     原理 ………………………… 141
 18.2 习题与习题详解 …………… 142
  18.2.1 本章习题 ………………… 142
  18.2.2 习题详解 ………………… 144

第19章 汽车转向系统 …………… 148

 19.1 学习指导 …………………… 148
  19.1.1 本章基本内容与要点 … 148
  19.1.2 名词术语 ………………… 148
  19.1.3 分类、组成及基本工作
     原理 ………………………… 148
 19.2 习题与习题详解 …………… 150
  19.2.1 本章习题 ………………… 150
  19.2.2 习题详解 ………………… 153

第20章 汽车制动系统 …………… 156

 20.1 学习指导 …………………… 156
  20.1.1 本章基本内容与要点 … 156
  20.1.2 名词术语 ………………… 156
  20.1.3 分类、组成及基本工作
     原理 ………………………… 156
 20.2 习题与习题详解 …………… 158
  20.2.1 本章习题 ………………… 158
  20.2.2 习题详解 ………………… 161

第21章 新能源汽车 ……………… 164

 21.1 学习指导 …………………… 164
  21.1.1 本章基本内容与要点 … 164
  21.1.2 名词术语 ………………… 164
  21.1.3 分类、组成及基本工作
     原理 ………………………… 165
 21.2 习题与习题详解 …………… 166
  21.2.1 本章习题 ………………… 166
  21.2.2 习题详解 ………………… 169

绪 论

0.1 学习指导

0.1.1 本章基本内容与要点

1. 汽车发展简史

随着德国工程师卡尔·本茨发明了第一辆煤气发动机三轮汽车,内燃机汽车风靡全球100余年。由于科技的进步,汽车的发展经历蒸汽汽车时代,内燃机汽车时代。内燃机汽车一统天下的时代,正在走向新能源汽车崭露头角的时代。同时,内燃机汽车的车身结构、材料以及动力性、经济性、舒适性、可靠性能等均得到极大的提高,带动了机械、电子、液压传动、计算机信息科学等相关学科及设计理论的急速发展,为汽车安全、节能、环保及新能源汽车的发展提供了丰富的技术与经验基础。

因第一辆内燃机汽车的问世,奔驰、戴姆勒等汽车公司迅速出现,形成了19世纪以德国和法国为中心的欧洲汽车生产基地。随着福特T型车的问世和流水线生产流程的发明,汽车走进了普通民众家庭,带动了相关产业的发展,使得美国在20世纪初取代欧洲成为世界汽车工业的中心。20世纪60年代,日本的汽车公司对福特汽车公司流水线经验的吸收和改进,发明了独具特色的丰田管理理念,使得日本汽车工业迅速赶超欧美成为世界级汽车产业中心。现今,汽车产业已进入全球化时代。

2. 汽车的定义、分类及车辆识别代号

汽车的定义不尽相同,德国、日本、美国等根据国情和国家特色定义自己的汽车概念,中国在GB/T 3730.1—2001《汽车和挂车类型的术语和定义》中给出了汽车定义。根据实现的功能,我国汽车由四部分组成,即产生动力的发动机,乘坐驾驶员、装载货物的车身,支撑车身、接受发动机动力、保证汽车正常行驶的底盘,以及用于起动汽车、产生灯光等信号的电气设备。

根据汽车的用途、能源类型等不同,有不同的汽车分类方法。中国在2001年颁布的GB/T 3730.1—2001《汽车和挂车类型的术语和定义》中,将汽车分为乘用车和商用车两大类。乘用车主要包括9座的轿车、越野车等,商用车主要包括货车、客车、半挂牵引车等。

在GB/T 3730.1—1988中,制定了汽车产品型号规则,由企业名称代号、汽车类型代号、主参数代号、产品序号、企业自定义代号组成。此外,原机械工业部在1997年颁布了车辆识别代号VIN,该代号由17位字母数字组成编码,包括车辆的制造厂家、生产年代、车型、车身形式、发动机及其他信息。

0.1.2 名词术语

1. 汽车

汽车是由动力驱动，具有四个或四个以上车轮的非轨道承载的车辆，主要用于：载运人员和（或）货物；牵引载运人员和（或）货物；特殊用途。

2. 乘用车

主要用于运载人员及其行李或（偶尔）运载物品，包括驾驶员在内，最多为9座的汽车。

3. 商用车

在设计和技术特征上是用于运送人员和货物的汽车。

4. VIN

VIN是英文Vehicle Identification Number（车辆识别代号）的缩写，由17位字符组成，包括车辆的生产厂家、生产年代、车型、车身形式及代码、发动机代码及其他信息。

0.1.3 分类、组成

1. 汽车的分类

根据动力装置的不同，汽车可分为内燃机汽车、电动汽车等。根据行驶道路条件的不同可分为非公路车辆、公路车辆；根据行驶机构的不同可分为轮式车辆、履带车辆等。根据用途不同分为：普通运输车辆（轿车、客车、货车等），专用车辆（运输型如运钞车、作业型如吊车），特殊用途车辆（娱乐车辆、竞赛车辆）三类。按照国家分类标准，轿车按排量不同可分为微型、普通型、中级、高级等类型；客车按长度的不同可分为微型、中型、大型、超大型等类型；货车按总吨位不同可分为轻型、中型、重型等类型。新的国家标准将不超过9座的汽车定为乘用车，乘用车主要包括轿车、越野轿车等。将其他车辆如客车、货车、挂车等归于商用车。

2. 汽车产品型号编号

汽车产品型号按顺序由企业名称代号、汽车类型代号（不是大类别）、主参数代号、产品序号、企业自定义代号组成。企业名称代号一般由拼音字母组成，如东风为EQ，一汽为CA；汽车类型代号根据汽车的小类进行定义，为阿拉伯数字，定义货车、越野车、自卸车、牵引车、专用车、客车、轿车和半挂车及专用半挂车的代号分别为1、2、3、4、5、6、7、9。主参数代号用两位阿拉伯数字表示，货车、越野车、牵引车等汽车的主参数代号为汽车总质量（单位：t）；客车的主参数为总长度（单位：m），长度小于10m时，可以取值到小数点后一位，并乘以10；轿车的主参数为发动机排量，取值到小数点后一位，并乘以10。产品序号为一位阿拉伯数字，当车型改进且主参数变化小于10%时，产品序号增1。企业自定义代号用汉语拼音或阿拉伯数字表示，一般说明该车型区别其他车型的配置。

汽车 VIN 是汽车身份证，是由 17 位字母数字组成的编码，包括车辆的制造厂家、生产年代、车型、车身形式、发动机及其他设备的信息。一般由三部分组成：世界制造厂识别代号、车辆类型、车辆说明。

3. 汽车组成

汽车由发动机、底盘、车身和电气设备组成。

0.2 习题与习题详解

0.2.1 本章习题

1. 填空题

（1）世界"汽车之父"是德国人_____。

（2）20 世纪 80 年代，世界汽车工业形成了_____、西欧、_____三足鼎立之势，世界汽车产业的中心由一个变成三个。

（3）汽车由_____、_____、_____和_____四大部分构成。

（4）新标准将汽车分为_____和_____两大类。

（5）汽车的产品型号反映_____、_____、_____等内容，用字母和阿拉伯数字表示。它由首部、中部和尾部构成。

（6）我国某一汽车产品的型号为 EQ6110HEV 混合动力车，其中"EQ"表示东风汽车公司，"6"表示_____，"11"表示_____。

（7）车辆识别代号被称为"汽车身份证"，其英文简称为_____。

（8）车辆识别代号由三部分组成：第一部分是_____；第二部分是_____；第三部分是_____。

2. 选择题（单选或多选）

（1）4×4 型汽车的驱动轮数为（　　）。
　　A. 4　　　　　　B. 2　　　　　　C. 8　　　　　　D. 6

（2）EQ1091 型汽车属于（　　）。
　　A. 客车　　　　B. 轿车　　　　C. 货车　　　　D. 越野汽车

3. 问答题

（1）我国国家标准对汽车的定义是什么？

（2）汽车由哪几部分组成？各组成部分的功能是什么？

（3）车辆识别代号有何意义？

0.2.2 习题详解

1. 填空题

（1）卡尔·本茨

(2) 美国 日本

(3) 发动机 底盘 车身 电气设备

(4) 乘用车 商用车

(5) 企业名称 车辆类别 主要特征参数

(6) 客车 车身总长 11m

(7) VIN

(8) 世界制造厂识别代码 车辆说明部分 车辆指示部分

2. 选择题(单选或多选)

(1) A

(2) C

3. 问答题

(1) 按照 GB/T 3730.1—2001 对汽车的定义,汽车是由动力驱动,具有 4 个或 4 个以上车轮的非轨道承载的车辆,主要用于:载运人员和(或)货物;牵引载运人员和(或)货物的车辆;特殊用途。

(2) 汽车通常由发动机、底盘、车身、电气设备等四个部分组成。发动机是使供入其中的燃料燃烧而发出动力。底盘接受发动机的动力,使汽车产生运动,并保证汽车按驾驶员的操纵正常行驶;底盘由传动系统、行驶系统、转向系统和制动系统等组成。车身是驾驶员工作的场所,也是装载乘客和货物的场所。电气设备由电源组、发动机点火系统和起动系统、汽车照明和信号装置等组成。

(3) 车辆识别代号中含有车辆的制造厂家、生产年代、车型、车身形式、发动机以及其他装备的信息。它是由 17 位字母、数字组成的编码,经过排列组合,可以使车辆生产在 30 年内不会发生重号现象,具有对车辆的唯一识别性,故称为"汽车身份证"。车辆识别代号是汽车管理、汽车营销、汽车维修和配件采购的重要依据。

第1章 汽车发动机的基本知识

1.1 学习指导

1.1.1 本章基本内容与要点

作为汽车的动力源，除了为数不多的电动汽车外，汽车的发动机都是热能动力装置，或简称热机。热机有内燃机和外燃机两种，直接以燃料燃烧所生成的燃烧产物为工质的热机为内燃机，反之则为外燃机。内燃机包括活塞式内燃机和燃气轮机，外燃机则包括蒸汽机、汽轮机和热气机等。活塞式内燃机具有结构紧凑、体积小、质量轻和容易起动等许多优点，被极其广泛地用作汽车动力。根据活塞运动方式、冷却方式、燃料、行程数、气缸数目、布置方式、进气状态等分类原则，活塞式内燃机有多种分类方法和类型。

四冲程往复活塞式内燃机在四个活塞行程内完成进气、压缩、做功和排气的工作循环。在进气行程，活塞在曲轴的带动下由上止点移至下止点，进气门开启，排气门关闭，可燃混合气（汽油机）通过进气门被吸入气缸。压缩行程，活塞继续由曲轴带动自下止点移至上止点，进、排气门均关闭，气缸内的混合气被压缩，其压力和温度同时升高。做功行程，进、排气门关闭，安装在气缸盖上的火花塞产生电火花，将气缸内的可燃混合气点燃，燃烧气体的体积急剧膨胀，推动活塞由上止点移至下止点，并通过连杆推动曲轴旋转做功。排气行程，排气门开启，进气门关闭，曲轴通过连杆带动活塞由下止点移至上止点，废气在自身剩余压力和活塞的推动下，经排气门排出气缸之外。

四冲程柴油机的工作循环与汽油机相同，也包括进气、压缩、做功和排气四个过程。其主要区别在于柴油机和汽油机在混合气形成方法及着火方式上有所不同。其一，在柴油机进气行程中吸入气缸的只是纯空气；其二，压缩行程终了时气体压力比汽油机高，此时，燃油通过喷油器喷入燃烧室形成非均匀混合气，并自行燃烧，气体膨胀，推动活塞、连杆，进而推动曲轴旋转做功。

发动机是一种由许多机构和系统组成的复杂机器。发动机通常由曲柄连杆机构、配气机构、燃料供给系统、润滑系统、冷却系统和起动系统组成。对于汽油发动机需要增加点火系统，即构成了两大机构和五大系统。

曲柄连杆机构是发动机实现工作循环，完成能量转换的主要组件，由机体组、活塞连杆组和曲轴飞轮组等组成。配气机构能根据发动机的工作顺序和工作过程，定时开启和关闭进气门和排气门，使可燃混合气或空气进入气缸，并使废气从气缸内排出，实现换气过程。汽油机燃料供给系统能根据发动机的要求，配制出一定数量和浓度的混合气供入气缸，并将燃烧后的废气从气缸内排到大气中；而柴油机燃料供给系统能将柴油和空气分别供入气缸，在燃烧室内形成混合气并燃烧，最后将燃烧后的废气排出。冷却系统将受热零件吸收的部分热量及时散发出去，保证发动机在最适宜的温度状态下工作。润滑系统能向作相对运动的零件表面输送定量的清洁润滑油，以实现液体摩擦，减小摩擦阻力，减轻机件的磨损。

发动机的性能指标是表征发动机的性能特点、评价各类发动机性能优劣的依据。主要性能指标有动力性指标、经济性指标、环境友好性指标、可靠耐久性指标等。表征发动机做功能力大小的动力性指标一般由发动机的有效转矩、有效功率、转速表示，而发动机经济性指标主要由有效燃油消耗率表示。环境友好性指标用来评价发动机排气品质和噪声水平。可靠耐久性指标是表征发动机在规定的使用条件下，正常持续工作能力的指标，主要有首次故障行驶里程、平均故障间隔里程。

1.1.2 名词术语

1. 气缸：往复活塞式内燃机的工作腔。
2. 工作循环：活塞式内燃机的工作循环是由进气、压缩、做功和排气四个工作过程组成的、完成能量转换的封闭过程。
3. 上、下止点：活塞顶离曲轴回转中心最远处为上止点；活塞顶离曲轴回转中心最近处为下止点。在上、下止点处，活塞的运动速度为零。
4. 活塞行程：上、下止点间的距离 S 称为活塞行程。
5. 气缸工作容积：上、下止点间所包容的气缸容积称为气缸工作容积。
6. 发动机排量：发动机所有气缸工作容积的总和称为发动机排量。
7. 燃烧室容积：活塞位于上止点时，活塞顶面以上气缸盖底面以下所形成的空间称为燃烧室，其容积称为燃烧室容积，也叫压缩容积。
8. 气缸总容积：气缸工作容积与燃烧室容积之和为气缸总容积。
9. 压缩比：气缸总容积与燃烧室容积之比称为压缩比 ε。压缩比的大小表示活塞由下止点运动到上止点时，气缸内的气体被压缩的程度。压缩比越大，压缩终了时气缸内的气体压力和温度就越高。
10. 工况：内燃机在某一时刻的运行状况简称工况，以该时刻内燃机输出的有效功率和曲轴转速表示。曲轴转速即为内燃机转速。
11. 负荷率：内燃机在某一转速下发出的有效功率与相同转速下所能发出的最大有效功率的比值称为负荷率，以百分数表示。负荷率通常简称负荷。
12. 可靠性指标：是表征发动机在规定的使用条件下，正常持续工作能力的指标。
13. 有效燃油消耗率：发动机每输出 $1kW \cdot h$ 的有效功所消耗的燃油量称为有效燃油消耗率。

14. 发动机速度特性：发动机有效功率 P_e、有效转矩 T_e 和有效燃油消耗率 b_e 随发动机转速 n 的变化关系称为发动机的速度特性。

1.1.3 分类、组成及基本工作原理

1. 内燃机分类

（1）按行程数：二冲程发动机、四冲程发动机。
（2）按燃料类型：汽油机、柴油机、天然气发动机等。
（3）按点火方式：自燃式发动机、压燃式发动机。
（4）按冷却方式：风冷式发动机、水冷式发动机。
（5）按缸数：单缸发动机、多缸发动机。
（6）按气缸排列方式：直列式、V型、对置式。

2. 内燃机组成

汽油机由两大机构和五大系统组成，即由曲柄连杆机构、配气机构、燃料供给系统、润滑系统、冷却系统、点火系统和起动系统组成；柴油机由两大机构和四大系统组成，即由曲柄连杆机构、配气机构、燃料供给系统、润滑系统、冷却系统和起动系统组成，柴油机是压燃式的，不设置点火系统。

曲柄连杆机构：曲柄连杆机构是发动机实现工作循环，完成能量转换的主要运动零件。它由机体组、活塞连杆组和曲轴飞轮组等组成。

配气机构：配气机构的功用是根据发动机的工作顺序和工作过程，定时开启和关闭进气门和排气门，使可燃混合气或空气进入气缸，并使废气从气缸内排出，实现换气过程。

燃料供给系统：汽油机燃料供给系统的功用是根据发动机的要求，配制出一定数量和浓度的混合气供入气缸，并将燃烧后的废气从气缸内排到大气中；柴油机燃料供给系统的功用是把柴油和空气分别供入气缸，在燃烧室内形成混合气并燃烧，最后将燃烧后的废气排出。

冷却系统：冷却系统的功用是将受热零件吸收的部分热量及时散发出去，保证发动机在最适宜的温度状态下工作。水冷发动机的冷却系通常由冷却水套、水泵、风扇、散热器、节温器等组成。

润滑系统：润滑系统的功用是向作相对运动的零件表面输送定量的清洁润滑油，以实现液体摩擦，减小摩擦阻力，减轻机件的磨损，并对零件表面进行清洗和冷却。润滑系通常由润滑油道、机油泵、机油滤清器和一些阀门等组成。

点火系统：点火系统的功用是将蓄电池（发电机）提供的低压电转变为高压电，并按规定时刻在火花塞电极间产生电火花，点燃气缸中的可燃混合气。点火系统通常由蓄电池、发电机、分电器、点火线圈和火花塞等组成。

起动系统：起动系统的功用是使发动机由静止状态过渡到工作状态。起动系统的装置主要有起动机。

3. 四冲程汽油机工作原理

四冲程往复活塞式内燃机在四个活塞行程内完成进气、压缩、做功和排气四个过程。

进气行程：活塞在曲轴的带动下由上止点移至下止点。此时进气门开启，排气门关闭；在活塞移动过程中，气缸容积逐渐增大，气缸内形成一定的真空度。汽油和空气的混合气通过进气门被吸入气缸，并在气缸内进一步混合形成可燃混合气。

压缩行程：进气行程结束后，曲轴继续带动活塞由下止点移至上止点。这时，进、排气门均关闭；随着活塞的移动，气缸容积不断减小，气缸内的混合气被压缩，其压力和温度同时升高。

做功行程：压缩行程结束时，安装在气缸盖上的火花塞产生电火花，将气缸内的可燃混合气点燃，火焰迅速传遍整个燃烧室，同时放出大量的热能。燃烧气体的体积急剧膨胀，压力和温度迅速升高。在气体压力的作用下，活塞由上止点移至下止点，并通过连杆推动曲轴旋转做功。这时，进、排气门仍旧关闭。

排气行程：排气行程开始，排气门开启，进气门仍然关闭，曲轴通过连杆带动活塞由下止点移至上止点。此时膨胀过后的燃烧气体（或称废气）在其自身剩余压力和在活塞的推动下，经排气门排出气缸之外。当活塞到达上止点时，排气行程结束，排气门关闭。

4. 四冲程柴油机工作原理

四冲程柴油机的工作循环也包括进气、压缩、做功和排气四个过程，在各个活塞行程中，进、排气门的开闭和曲柄连杆机构的运动与汽油机完全相同。只是由于柴油和汽油的使用性能不同，使柴油机和汽油机在混合气形成方法及着火方式上有着根本的差别。

进气行程：在柴油机进气行程中，被吸入气缸的只是纯净的空气。

压缩行程：因为柴油机的压缩比大，所以压缩行程终了时气体压力高。

做功行程：在压缩行程结束时，喷油泵将柴油泵入喷油器，并通过喷油器喷入燃烧室。因为喷油压力很高，喷孔直径很小，所以喷出的柴油呈细雾状。细微的油滴在炽热的空气中迅速蒸发汽化，并借助于空气的运动，迅速与空气混合形成可燃混合气。由于气缸内的温度远高于柴油的自燃点，因此柴油随即自行着火燃烧。燃烧气体的压力、温度迅速升高，体积急剧膨胀。在气体压力的作用下，活塞推动连杆及曲轴旋转做功。

排气行程：燃烧后的废气排出气缸。

1.2 习题与习题详解

1.2.1 本章习题

1. 填空题

(1) 热力机是借助工质的状态变化将燃料燃烧产生的热能转变为_____。

(2) 热力机分_____和_____两种。内燃机包括_____和燃气轮机。

(3) 活塞式内燃机按活塞运动方式的不同，分为_____和_____两种。前者活塞在气缸内做往复直线运动，后者活塞在气缸内做旋转运动。

(4) 活塞式内燃机根据所用燃料种类的不同，分为_____、_____和气体燃料发动机三类。

(5) 活塞式内燃机按冷却方式的不同，分为_____和_____两种。

(6) 活塞式内燃机按在一个工作循环期间活塞往复运动的行程数，分为_____和_____发动机。

(7) 活塞式内燃机按进气状态不同，分为_____和_____两类。

(8) 活塞式内燃机根据气缸布置形式的不同，分为_____、_____和对置式等。

(9) 四冲程汽油机在_____、_____、_____和_____四个行程完成一个工作循环。

(10) 四冲程发动机一个工作循环，曲轴旋转____周，进、排气门各开启____次。

(11) 某汽油发动机的型号为EQ6100，其中"EQ"表示东风汽车公司，"6"表示_____、"100"表示_____。

(12) 活塞顶离曲轴回转中心最远处为____；活塞顶离曲轴回转中心最近处为____。活塞从一个止点运动至另一个止点的过程称为____。

(13) 气缸工作容积与燃烧室容积之和称为_____，单位为L。

(14) 气缸总容积与燃烧室容积之比称为_____。压缩比越大，压缩终了时气缸内的气体压力和温度就____。

(15) 节气门全开时测得的速度特性称为发动机的_____；节气门部分开启时测得的速度特性称为发动机的_____。

2. 判断改错题

(1) 四冲程发动机活塞每进行一个行程，曲轴相应转180°。（　　）
改正：

(2) 由于存在进气阻力，进气终了时气缸内的气体压力小于大气压力。（　　）
改正：

(3) 柴油机压缩比比汽油机低。（　　）
改正：

(4) 汽油机的压缩比越大，则其动力性越好。（　　）
改正：

(5) 在进气行程中，柴油机吸入气缸的是空气。（　　）
改正：

(6) 发动机的有效功率随发动机转速的不同而改变。（　　）
改正：

(7) 标定功率是发动机所能发出的最大功率。（　　）
改正：

(8) 发动机外特性曲线上的每点都表示发动机在各转速下的全负荷工况。（　　）
改正：

(9) 发动机功率的大小代表发动机负荷的大小。（　　）

改正：

3. 选择题（单选或多选）

(1) 汽车的动力源是（　　）。
　　A. 发动机　　　B. 变速器　　　C. 底盘　　　D. 车身
(2) 四冲程汽油发动机在进气行程进入气缸的是（　　）。
　　A. 汽油　　　B. 纯空气　　　C. 可燃混合气　　　D. 氧气
(3) 四冲程发动机曲轴转速与凸轮轴转速之比为（　　）。
　　A. 1∶1　　　B. 1∶2　　　C. 2∶1　　　D. 4∶1
(4) 二冲程发动机一个工作循环曲轴转（　　）周。
　　A. 1　　　B. 2　　　C. 3　　　D. 4
(5) 与汽油机相比，柴油机的排放物中含量较高的是（　　）。
　　A. CO　　　B. CO_2　　　C. NO_x　　　D. PM
(6) 与汽油机总体构造相比，柴油机中没有（　　）系统。
　　A. 供给　　　B. 点火　　　C. 润滑　　　D. 起动
(7) 在同一转速时，节气门的开度越大，则发动机的经济性（　　）。
　　A. 越好　　　B. 越差　　　C. 不变　　　D. 不一定
(8) EQ6105Q 汽油机的缸径是（　　）。
　　A. 61mm　　　B. 610mm　　　C. 105mm　　　D. 210mm

4. 名词解释

(1) 工作循环
(2) 活塞行程
(3) 发动机排量
(4) 工况
(5) 负荷率
(6) 发动机速度特性

5. 问答题

(1) EQ491 型汽油机有四个气缸，气缸直径 91mm，活塞行程 90mm，压缩比为 6。试计算其每缸工作容积、燃烧室容积及发动机排量（容积以 L 为单位）。
(2) 简述四冲程汽油机的工作原理。
(3) 为什么现代发动机多采用多缸发动机而不是单缸发动机？
(4) 简述汽油机与柴油机的异同点。
(5) 发动机的转速、有效功率、标定功率之间的关系是什么？

1.2.2　习题详解

1. 填空题

(1) 机械能
(2) 内燃机　外燃机　活塞式内燃机

(3) 往复活塞式　旋转活塞式
(4) 汽油机　柴油机
(5) 水冷式　风冷式
(6) 四冲程　二冲程
(7) 增压　非增压
(8) L 型(直列式)　V 型
(9) 进气行程　压缩行程　做功行程　排气行程
(10) 2　1
(11) 直列 6 缸　气缸直径为 100mm
(12) 上止点　下止点　冲程
(13) 气缸总容积
(14) 压缩比　越高
(15) 外特性　部分负荷特性

2. 判断改错题

(1) (√)。
(2) (√)。
(3) (×)。改正："低"改为"高"
(4) (√)。
(5) (√)。
(6) (√)。
(7) (×)。改正："是"改为"不是"
(8) (√)。
(9) (×)。改正："代表"改为"不代表"

3. 选择题(单选或多选)

(1) A　(2) C　(3) C　(4) A　(5) C、D　(6) B　(7) D　(8) C

4. 名词解释

(1) 工作循环：由进气、压缩、做功和排气四个工作过程组成的封闭过程。
(2) 活塞行程：上、下止点间的距离称为活塞行程。
(3) 发动机排量：发动机所有气缸工作容积的总和称为发动机排量。
(4) 工况：内燃机在某一时刻的运行状况称为工况，以该时刻下所能发出的有效功率和转速表示。
(5) 负荷率：内燃机在某一转速下发出的有效功率与相同转速下所能发出的最大有效功率的比值称为负荷率。
(6) 发动机速度特性：发动机有效功率 P_e、有效转矩 T_e 和有效燃油消耗率 b_e 随发动机转速 n 的变化关系称为发动机的速度特性。

5. 问答题

(1) 解：

每缸工作容积:$V_h = \dfrac{\pi \times D^2 \times S}{4 \times 1000} = \dfrac{3.14 \times 9.1 \times 9.1 \times 9.0}{4 \times 1000} = 0.585(L)$

燃烧室容积:

因为,$\varepsilon = \dfrac{V_a}{V_c} = \dfrac{V_h + V_c}{V_c} = 1 + \dfrac{V_h}{V_c}$

所以,$V_c = \dfrac{V_h}{\varepsilon - 1} = \dfrac{0.585}{6 - 1} = 0.117(L)$

发动机排量:$V_L = V_h \cdot i = 0.585 \times 4 = 2.34(L)$

(2)答:汽油机是将汽油与空气按一定比例混合形成可燃混合气,在进气行程被吸入气缸;混合气经过压缩点火燃烧而产生热能,高温高压的气体作用于活塞顶部,推动活塞作往复直线运动,通过连杆、曲轴飞轮机构对外输出机械能。四冲程汽油机在进气、压缩、做功、排气四个活塞行程内完成一个工作循环。

进气行程:进气门开启,排气门关闭,活塞从上止点移向下止点,活塞上方的气缸容积增大,压力减小,即在气缸内形成真空吸力。这样,可燃混合气便经进气管道和进气门被吸入气缸。

压缩行程:进、排气门全部关闭,活塞由下止点移向上止点,气缸内的容积减小,压力增大,温度升高。

做功行程:压缩行程接近终了时,装在气缸盖上的火花塞发出电火花,点燃被压缩的可燃混合气。可燃混合气被点燃后,放出大量的热能,气缸内的压力迅速增大,推动活塞下行,使曲轴旋转,发动机实现做功。

排气行程:排气门开启,进气门关闭,活塞从下止点移向上止点,靠废气的压力进行自由排气和活塞将废气强制排到大气中。

(3)答:因为四冲程发动机工作循环的四个活塞行程中,只有一个行程是做功的,其余三个行程则是做功的准备行程。因此,在单缸发动机内,曲轴每转两周中只有半周是由于膨胀气体的作用使曲轴旋转,其余一周半则依靠飞轮惯性维持转动。显然,做功行程中,曲轴的转速比其他三个行程内曲轴转速要大,所以曲轴转速是不均匀的,因而发动机运转就不平稳。而采用多缸发动机可以弥补上述缺点,因此现代汽车一般采用多缸机而不用单缸机。

(4)答:可燃混合气形成方式不同。汽油和柴油在蒸发性和流动性上的差别使得两种发动机的混合气形成方式不同。除了缸内汽油直接喷射的汽油机外,目前绝大部分汽油机的可燃混合气是在气缸外部准备好的;而柴油机的可燃混合气是在气缸内部形成的。

可燃混合气着火方式不同。汽油机的可燃混合气由电火花强制点火燃烧(称为点燃),而柴油机的可燃混合气则在高温高压环境下自行着火燃烧(称为压燃)。

压缩比大小不同。汽油机的压缩比受到汽油爆燃的限制,而柴油机压缩的是空气,压缩比比汽油机高,燃气膨胀充分,膨胀终了的气体温度较低,热量利用率高,热效率可达40%左右(汽油机只有30%左右),所以柴油机燃油消耗率低。由于柴油机压缩比高,会造成起动困难,同时零件所受的机械负荷大。与相同功率的汽油机相比,柴油机的体积大,质量重,制造和维修成本高,运转时振动和噪声较大。

尾气排放质量不同。由于柴油和空气在气缸内混合的时间极短,通常需要比理论空气量多的过量空气,废气中的CO(一氧化碳)含量比汽油机低;柴油在气缸内能充分燃烧,总的 HC(碳氢化合物)排放量比汽油机低得多。柴油机的 NO_x(氮氧化合物)和 PM(颗粒)排放量较高。此外，由于柴油机的燃油经济性好，相应的 CO_2(二氧化碳)排放量也比汽油机低。

（5）答：发动机转速的高低，关系到单位时间内做功次数的多少或发动机有效功率的大小，即发动机的有效功率随转速的不同而改变。因此，在说明发动机有效功率大小时，必须同时指明其相应的转速。在发动机产品标牌上规定的有效功率及其相应的转速分别称作标定功率和标定转速。发动机在标定功率和标定转速下的工作状况称作标定工况。标定功率不是发动机所能发出的最大功率，它是根据发动机用途而制定的有效功率最大使用限度。同一种型号的发动机，当其用途不同时，其标定功率值并不相同。

第 2 章 曲柄连杆机构

2.1 学习指导

2.1.1 本章基本内容与要点

本章基本内容：主要包括曲柄连杆机构各组成部分的功用与组成，以及气缸体、气缸盖、活塞、连杆、曲轴等重要部件的结构与工作原理。

本章要点：气缸体的结构类型及其特点；多缸发动机的外形结构及特点；气缸套的类型及结构特点；汽油机燃烧室的形状及性能特点；活塞的结构及功用；活塞裙部产生变形的原因及可采取的措施；气环与油环的结构及功用；连杆、曲轴与飞轮的结构及功用；曲轴上设置平衡重的作用；常用多缸发动机曲拐的布置与点火次序；扭转减振器的原理及作用等。

2.1.2 名词术语

1. 气缸体：发动机各个机构和系统的装配基体，并由它来保持发动机各运动部件相互之间的准确位置关系。
2. 曲轴箱：气缸体下部用来安装曲轴的部位称为曲轴箱，曲轴箱分上曲轴箱和下曲轴箱。上曲轴箱与气缸体铸成一体，下曲轴箱用来储存润滑油，并封闭上曲轴箱。
3. 油底壳：储存机油并封闭曲轴箱，一般采用薄钢板冲压而成。
4. 气缸套：一个圆筒形零件，置于机体的气缸孔中，上由气缸盖压紧固定，活塞在其内孔作往复运动，其外有冷却液冷却。按气缸套是否直接与冷却液接触，气缸套分为干缸套和湿缸套两种。
5. 水套：气缸体和气缸盖内铸成的空腔，供冷却液在其间循环流动的通道。
6. 气缸盖：密封气缸上部的部件，并与活塞顶部和气缸壁一起形成燃烧室。
7. 燃烧室：当活塞位于上止点时，气缸盖底面以下、活塞顶面以上及其气缸壁所形成的空间称为燃烧室，燃料在此空间燃烧。

8. 活塞：一个一端封闭的圆筒形零件，主要承受气缸中气体的压力，通过活塞销与连杆相连。

9. 活塞环：用于嵌入活塞环槽内的金属弹性环，分为气环和油环两种。气环可用来密封燃烧室内的可燃混合气体；油环则用来刮除气缸壁上多余的机油。

10. 扭曲环：在活塞环截面为矩形环的内圆上边缘或外圆下边缘切去一部分所形成的气环，称为扭曲环。将这种环随同活塞装入气缸时，由于环的弹性内力不对称作用而产生明显的断面倾斜。

11. 全浮式活塞销：在发动机运转过程中，活塞销既可在连杆小头衬套孔内转动，又可在活塞销座孔内缓慢地转动，使活塞销各部分的磨损比较均匀，这种活塞销称为全浮式活塞销。

12. 曲拐：由曲柄销和相邻的两个曲柄，以及前后两个主轴颈所组成的结构，称为一个曲拐。

13. 连杆：连接活塞与曲轴的部件，并在两者之间传递作用力和改变运动形式。

14. 点火间隔角：在发动机完成一个工作循环内，以曲轴转角表示的各缸的点火间隔时间。

2.1.3 分类、组成及基本工作原理

曲柄连杆机构由机体组、活塞连杆组和曲轴飞轮组组成，其功用是将燃料燃烧时产生的热能转变为机械能，通过连杆将活塞的往复运动变为曲轴的旋转运动而对外输出动力。

(1) 机体组：主要包括气缸体、气缸盖、气缸垫、曲轴箱、油底壳、气缸套等不动件。

(2) 活塞连杆组：主要包括活塞、活塞环、活塞销、连杆和连杆轴承等运动件。

(3) 曲轴飞轮组：主要包括曲轴、飞轮、扭转减振器和平衡重等机构。

1) 机体组

(1) 气缸体分类。按气缸体与油底壳安装平面位置不同分为：一般式、龙门式、隧道式三种。一般式气缸体的油底壳安装平面和曲轴旋转中心在同一高度；龙门式气缸体的油底壳安装平面低于曲轴的旋转中心；隧道式气缸体的曲轴主轴承孔为整体式。

(2) 气缸套形式。气缸套分为干缸套和湿缸套两种。干缸套不直接与冷却水接触，壁厚一般为1~3mm，强度和刚度好，但加工比较复杂，拆装不方便，散热不良。湿缸套与冷却水直接接触，壁厚一般为5~9mm，散热良好、冷却均匀、加工容易，但强度和刚度不如干缸套，易漏水。

(3) 气缸盖。气缸盖分为：单体气缸盖(一缸一盖)、块状气缸盖(能覆盖部分气缸)和整体式气缸盖(能覆盖全部气缸)。缸径较大的发动机多采用单体气缸盖或块状气缸盖。整体式气缸盖多用于缸径较小、缸盖负荷较轻的发动机。

(4) 燃烧室。汽油机燃烧室常用形状有：楔形、半球形和盆形。三种形状的燃烧室在结构、工艺、热损失、进排气效果、排放等方面各有其优缺点。其中半球形燃烧室为现代发动机广泛采用。柴油机燃烧室分为：直喷式和分隔式。直喷式燃烧室常用的形状有：ω形、球形和U形。分隔式燃烧室有：涡流式和预燃式两种。

2）活塞连杆组

（1）活塞。活塞由顶部、头部和裙部组成。活塞顶部的形状与选用的燃烧室形式有关，汽油机顶部多采用平顶；柴油机顶部则制成各种各样的凹坑。活塞头部可承受气体压力并传给连杆，头部切有若干用于安装活塞环的环槽，头部一般做得较厚以便热量从顶部经活塞环传给气缸壁。活塞裙部的作用是为活塞在气缸内作往复运动导向和承受侧压力，为避免活塞在气缸内卡死或局部磨损，必须预先在冷态下把活塞制成裙部断面为长轴垂直于活塞销方向的椭圆形，或将活塞销座附近的裙部外表面下陷，或在活塞裙部开槽，或将活塞裙部形状制成扁椭圆形，或在活塞裙部或销座内嵌入钢片等措施。

（2）活塞环。活塞环包括气环和油环。气环起密封和导热两大作用，其断面形状有矩形环、锥面环、正或反扭曲环、梯形环等多种。矩形断面气环随活塞作往复运动时，会产生不利的泵油作用，故扭曲环得到广泛应用，安装时须注意环的断面形状和方向。梯形环多用于热负荷较高的柴油发动机的第一环。

油环分为普通油环和组合式油环，其断面有不同的形式。油环的作用是刮去气缸壁上多余的机油，并形成机油油膜，防止机油窜入气缸燃烧，减小活塞环与气缸壁的磨损，油环兼起辅助密封的作用。

（3）活塞销。活塞销的功用是连接活塞和连杆小头，并把活塞承受的气体压力传递给连杆。活塞销的内孔形状有圆柱形、两段截锥形、以及两段截锥与一段圆柱的组合形。活塞销一般分为全浮式和半浮式。全浮式活塞销能在连杆衬套和活塞销座中自由摆动，使磨损均匀。半浮式活塞销，活塞中部与连杆小头采用紧固螺栓连接，活塞销只能在两端销座内作自由摆动。

（4）连杆。连杆由连杆小头、杆身、连杆大头（包括连杆盖）三部分组成。连杆小头与活塞销连接，内衬减磨的青铜衬套。杆身通常为"工"字形断面，可保证在强度和刚度足够的情况下减小质量。连杆大头与曲轴的曲柄销连接，一般做成剖分式，被剖的连杆盖借助特制的连杆螺栓固定连杆大头。连杆盖与大头是组合镗孔，装配时应根据记号避免配对错误。连杆大头有平切口和斜切口两种。汽油机广泛采用平切口，柴油机一般采用斜切口。斜切口连杆大头剖分面与连杆轴线成30°～60°夹角。平切口连杆盖与连杆的定位通过连杆螺栓上精加工的圆柱凸台或光滑圆柱部分与精加工的螺栓孔来保证。斜切口连杆常用的定位方法有止口定位、套筒定位和锯齿定位。在连杆大头孔中安装有剖分成两半的连杆轴瓦。对于V形发动机，左右对应两气缸的连杆共同连接在曲柄销上，有三种形式：并列连杆式、主副连杆式和叉形连杆式。

3）曲轴飞轮组

（1）曲轴。曲轴飞轮组由曲轴、飞轮以及其他不同功用的零件和附件组成，如扭转减振器、平衡块等。曲轴的功用是承受连杆传来的力，并由此造成绕其本身轴线的力矩。曲轴由三部分构成：①前端（自由端）；②若干个曲拐；③后端（功率输出端）。曲轴前端装有驱动配气凸轮轴的定时齿轮、驱动风扇和水泵的带轮以及止推片等。曲轴后端有安装飞轮用的凸缘。

曲轴曲拐数取决于发动机的数目和排列方式。按照曲轴的主轴颈数，曲轴分为全支撑曲轴和非全支撑曲轴。全支撑曲轴相邻两个曲拐之间都设置有一个主轴颈，否则称为非支撑曲轴。一般多缸发动机曲轴为整体式，而采用滚动轴承作为主轴承的发动机，必须采用组合式曲轴。

为平衡曲轴偏心质量引起的离心力和力矩,以及活塞与连杆的部分往复惯性力,一般都在曲柄相反的方向上设置平衡重。为防止曲轴的轴向窜动,采用止推轴承进行轴向定位。止推轴承的形式有翻边轴瓦的翻边部分和止推片,后者应用最为广泛。

曲轴的形状和曲拐的相对位置取决于缸数、气缸排列方式和点火次序。安排多缸发动机的点火次序是有一定要求的。对气缸数为 i 的四冲程发动机,点火间隔角为 $720°/i$。直列四缸发动机的点火次序有两种可能的排列法:1-2-4-3 和 1-3-4-2。直列六缸发动机的点火次序也有两种可能的排列法:1-5-3-6-2-4 和 1-4-2-6-3-5。

为消除曲轴的扭转振动,有的发动机在曲轴前端装有扭转减振器。常用的曲轴扭转减振器为摩擦式扭转减振器。

(2) 飞轮。飞轮是一个转动惯量很大的圆盘,其主要功用是储存做功行程中的部分能量,用以克服其他行程的阻力,带动曲柄连杆机构越过上、下止点,保证均匀的曲轴角速度和输出转矩。飞轮轮缘通常做得宽而厚,使大部分质量集中在轮缘上,以保证它有足够大的转动惯量和较小的质量。飞轮外圆上压有齿圈,在起动发动机时与起动机齿轮啮合,带动曲轴旋转。

(3) 发动机悬置。发动机悬置一般采用气缸体和飞轮壳或变速器壳上的支承装置将发动机支撑在车架上,有三点支承和四点支承两种。三点支承可布置成前二后一或前一后二。四点支承是前后各有两个支承。

2.2 习题与习题详解

2.2.1 本章习题

1. 填空题

(1) 发动机曲柄连杆机构由_____、_____和_____三部分构成。

(2) 机体组主要由气缸体、_____、_____、气缸套、_____和气缸盖罩等构成;活塞连杆组由_____、_____和_____等机件组成;曲轴飞轮组包括_____、_____、和_____等机构。

(3) 气缸体的结构形式有_____、_____和_____。

(4) 汽车发动机气缸的排列形式有_____、_____和_____。

(5) 气缸套分为_____和_____两类。

(6) 汽油机燃烧室的形状有_____、_____和_____等。

(7) 活塞的基本构造可分为_____、_____和_____三部分。目前活塞多采用_____材料。

(8) 活塞环有_____和_____两种。其中气环的两大作用是_____和_____。

(9) 安装扭曲环时,必须注意环的断面形状和方向,应将其内圈切槽向_____,外圈切槽向_____,不能装反。

(10) 活塞销通常做成_____形状。活塞销与活塞销座孔和连杆小头衬套孔的连接配合一般多采用____。

(11) 连杆由____、____和____三部分组成。连杆____与活塞销相连，连杆____与曲轴的曲柄销相连。

(12) 连杆大头按剖分面的方向可分为____和____两种。柴油机的连杆大头切口一般采用____。斜切口连杆的定位方法有____、____和____三种。

(13) 曲轴的曲拐数取决于发动机气缸的____和____。V8发动机的曲拐数为____。

(14) 按照曲拐的主轴颈数，曲轴的支撑形式可分为____和____两种。V8发动机全支承式曲轴的主轴径数为____。

(15) 止推轴承的形式有：翻边轴瓦的翻边部分和____两种。其中____应用最为广泛。

(16) 对于缸数为 i 的四冲程发动机，点火间隔角为____。

(17) 四冲程直列四缸发动机的点火顺序一般是____或____；四冲程直列六缸发动机点火顺序一般是____或____。

(18) 为了消减曲轴的扭转振动，一般在发动机曲轴前端装____。

(19) 发动机悬置方法一般采用____和____两种。三点支撑可布置成____或____。

2. 看图填空题

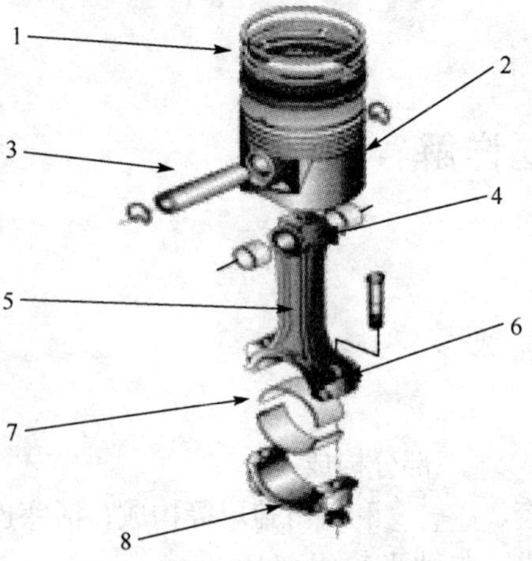

(1)____ (2)____
(3)____ (4)____
(5)____ (6)____
(7)____ (8)____

图 2.1　活塞连杆组结构图

3. 选择题（单选或多选）

(1) 曲柄连杆机构在运动过程中受到的作用力有（　　）。
　　A. 气体压力　　B. 往复惯性力　　C. 摩擦力　　D. 空气阻力

(2) 将气缸体下表面移至曲轴轴线以下的气缸体结构形式为（　　）。
　　A. 一般式　　B. 龙门式　　C. 隧道式　　D. 组合式

(3) V形发动机的优点有（　　）。
　　A. 发动机长度减少　　　　　B. 发动机高度降低
　　C. 气缸体刚度增加　　　　　D. 质量减轻

(4) 哪种类型的燃烧室对减少有害气体排放有利？（　　）
　　A. 楔形　　B. 盆形　　C. 半球形　　D. U形

(5) 由铝合金制成的气缸盖，装配时必须在（　　）状态下拧紧。
　　A. 热态　　　　　　B. 冷态　　　　　　C. A、B均可　　　　D. A、B均不可
(6) 柴油机的活塞顶部一般多采用（　　）。
　　A. 平顶　　　　　　B. 凹顶　　　　　　C. 凸顶　　　　　　D. A、B、C均可
(7) 为了避免活塞在缸内卡死或引起局部磨损，冷态下常将其制成裙部断面为（　　）的椭圆形。
　　A. 长轴在活塞销方向　　　　　　　B. 长轴垂直于活塞销方向
　　C. A、B均可　　　　　　　　　　D. A、B均不可
(8) 一般汽油机的气环环数为（　　）道。
　　A. 1　　　　　　　B. 2　　　　　　　C. 3　　　　　　　D. 4
(9) 在热负荷较高的柴油发动机上，活塞环的第一道气环常采用（　　）。
　　A. 梯形环　　　　　B. 矩形环　　　　　C. 扭曲环　　　　　D. 锥面环
(10) 发动机连杆小头与活塞销之间用于减摩的衬套一般采用的材料是（　　）。
　　A. 黄铜　　　　　　B. 青铜　　　　　　C. 铝合金　　　　　D. 铁
(11) 直列式发动机的全支承曲轴的主轴径数等于（　　）。
　　A. 气缸数　　　　　　　　　　　　B. 气缸数加1
　　C. 气缸数的一半　　　　　　　　　D. 气缸数的一半加1
(12) 曲轴上的平衡重一般设在（　　）。
　　A. 曲轴前端　　　　B. 曲轴后端　　　　C. 曲柄上　　　　　D. 主轴颈上
(13) 发动机工作时，用于曲轴定位的是（　　）。
　　A. 翻边轴瓦　　　　B. 止推轴承　　　　C. 止推片　　　　　D. A、B、C均可
(14) 某四缸四冲程发动机，发火次序为1-3-4-2，当第1缸处于压缩行程时，第2缸处于（　　）冲程。
　　A. 进气　　　　　　B. 压缩　　　　　　C. 做功　　　　　　D. 排气
(15) 四冲程直列四缸发动机曲轴各曲拐之间的夹角是（　　）。
　　A. 60°　　　　　　B. 90°　　　　　　C. 120°　　　　　　D. 180°

4. 判断改错题

(1) 干缸套广泛应用于汽车柴油机上。（　　）
改正：

(2) 缸径小的汽油发动机常采用整体式气缸盖。（　　）
改正：

(3) 安装气缸垫时，应注意把光滑的一面背向气缸体。（　　）
改正：

(4) 活塞裙部的作用是为活塞在缸内作往复运动导向和承受侧压力。（　　）
改正：

(5) 活塞环有一个切口，在自然状态下活塞环是一个圆环形。（　　）
改正：

(6) 连杆的连接螺栓必须以工厂规定的拧紧力矩一次拧紧，还必须用防松胶或其他锁紧装置紧固。（　　）

改正：

(7) 曲轴前端装配有定时齿轮、驱动风扇和水泵的带轮等。（　）

改正：

(8) 曲轴上的平衡重与曲柄必须是一体的。（　）

改正：

(9) 采用滚动轴承作为曲轴主轴承的发动机，必须采用组合式曲轴。（　）

改正：

(10) 当飞轮上的点火正时记号与飞轮壳上的正时记号刻线对准时，第 1 缸活塞正好处于排气行程上止点位置。（　）

改正：

5. 名词解释

(1) 水套
(2) 燃烧室
(3) 湿缸套
(4) 全浮式活塞销
(5) 扭曲环
(6) 曲拐

6. 问答题

(1) 曲柄连杆机构的组成和功用是什么？
(2) 气缸盖的作用是什么？有哪几种类型？各用于哪类发动机？
(3) 用螺栓紧固气缸盖与气缸体时，拧紧螺栓时采用什么原则进行？铝合金气缸盖与铸铁气缸盖最后一次拧紧有什么要求？
(4) 气缸套的作用是什么？什么是干缸套、湿缸套？采用湿缸套时如何防止漏水？
(5) 活塞在工作中易产生哪些变形？应该怎样防止这些变形？
(6) 为什么有些发动机活塞的裙部采用拖板式结构？
(7) 具有矩形断面的气环，具有泵油作用，请解释其泵油原理。
(8) 为什么曲轴要轴向定位？
(9) 浮式活塞销有什么优点？为什么要轴向定位？
(10) 曲轴上的平衡重起什么作用？为什么有的曲轴没有平衡重？
(11) 在安排多缸发动机发火次序时，应注意什么？
(12) 曲轴扭转减振器起什么作用？
(13) 飞轮的作用是什么？

2.2.2　习题详解

1. 填空题

(1) 机体组　活塞连杆组　曲轴飞轮组
(2) 曲轴箱　油底壳　气缸盖　活塞　活塞环　活塞销　连杆　曲轴　飞轮　扭转减振器
(3) 一般式　龙门式　隧道式

(4) 直列式　V形　对置式

(5) 干缸套　湿缸套

(6) 楔形　盆形　半球形

(7) 顶部　头部　裙部　铝合金

(8) 气环　油环　密封　导热

(9) 上　下

(10) 空心圆柱体　全浮式

(11) 连杆大头　连杆小头　杆身　小头　大头

(12) 平切口　斜切口　斜切口　止口定位　套筒定位　锯齿定位

(13) 数目　排列方式　4

(14) 全支承式　非全支承式　5

(15) 止推片　止推片

(16) $720°/i$

(17) 1-2-4-3　1-3-4-2　1-5-3-6-2-4　1-4-2-6-3-5

(18) 扭转减振器

(19) 三点支撑　四点支撑　前二后一　前一后二

2. 看图填空题

(1) 活塞环　(2) 活塞　(3) 活塞销　(4) 连杆小头　(5) 连杆杆身　(6) 连杆大头　(7) 连杆轴瓦　(8) 连杆盖

3. 选择题（单选或多选）

(1) ABC　(2) B　(3) ABCD　(4) C　(5) B　(6) B　(7) B　(8) B　(9) A　(10) B　(11) B　(12) C　(13) D　(14) C　(15) D

4. 判断改错题

(1) (×)。改正："干缸套"改为"湿缸套"

(2) (√)。

(3) (×)。改正："背向"改为"朝向"

(4) (√)。

(5) (×)。改正："是"改为"不是"

(6) (×)。改正："一次拧紧"改为"分几次均匀拧紧"

(7) (√)。

(8) (×)。改正："必须"改为"可以"

(9) (√)。

(10) (×)。改正："排气行程"改为"做功行程"

5. 名词解释

(1) 水套：气缸体和气缸盖内铸成的供冷却液流动的空腔，称为水套。

(2) 燃烧室：活塞在上止点时，由活塞顶、气缸壁和气缸盖所围成的空间(容积)，称为燃烧室，是可燃混合气着火燃烧的空间。

(3) 湿缸套：气缸套外表面与气缸体内的冷却液直接接触的气缸套，或称气缸套外表面是构成水套的气缸套。

(4) 全浮式活塞销：在发动机运转过程中，活塞销不仅可以在连杆小头衬套孔内转动，还可以在销座孔内缓慢地转动，以使活塞销各部分的磨损比较均匀，这种活塞销称为全浮式活塞销。

(5) 扭曲环：在矩形环的内圆的上边缘或外圆的下边缘切去一部分所形成的气环，称为扭曲环。将这种环随同活塞装入气缸时，由于环的弹性内力不对称作用而产生明显的断面倾斜。

(6) 曲拐：由曲柄销和相邻的两个曲柄，以及前后两个主轴颈所组成的结构，称为一个曲拐。

6. 问答题

(1) 答：发动机曲柄连杆机构由机体组、活塞连杆组和曲轴飞轮组三部分构成。机体组主要由气缸体、曲轴箱、油底壳、气缸套、气缸盖和气缸盖罩等构成；活塞连杆组由活塞、活塞环、活塞销和连杆等组成；曲轴飞轮组包括曲轴、飞轮和扭转减振器等机构。曲柄连杆机构的功用是将燃料燃烧产生的热能转换为机械能，通过连杆将活塞的往复运动转变为曲轴的旋转运动并对外输出动力。

(2) 答：气缸盖的主要作用是密封气缸上部，与活塞顶和气缸壁共同形成燃烧室，并承受气缸内气体压力。气缸盖有单体气缸盖、块状气缸盖和整体式气缸盖。整体式气缸盖多用于发动机缸径较小的汽油发动机上。缸径较大的发动机常采用单体气缸盖或块状气缸盖。

(3) 答：用螺栓紧固气缸盖与气缸体时，拧紧螺栓时采用"从中央对称地向周围扩展的顺序并分几次拧紧"的原则进行。最后一次要用扭力扳手按工序规定的拧紧力矩值拧紧，以免损坏气缸垫和发生漏水现象。铝合金气缸盖最后一次拧紧须在发动机冷态下拧紧，铸铁气缸盖最后一次拧紧可在发动机热态下拧紧。

(4) 答：为了节省贵重合金材料，提高气缸壁的耐磨性，延长气缸的使用寿命，广泛采用镶入缸体内的气缸套，形成气缸工作表面。干缸套不直接与冷却水接触，湿缸套则与冷却水接触。为防止漏水，湿缸套的外表面有两个保证径向定位的凸出的圆环带，分别为上支承定位带和下支承密封带。上支承定位带与缸套座孔进行紧配合，以防漏水；下支承密封带与座孔采用松配合，但通常装1～3道橡胶密封圈来密封水。

(5) 答：活塞在工作中，活塞裙部沿径向变成长轴在活塞销方向的椭圆形。因为活塞工作时，燃烧气体的压力均匀作用在活塞顶上，而活塞销给予的反作用力作用在活塞裙部的销座处，使裙部直径沿活塞销座轴线方向增大。同时侧压力的作用也使活塞裙部直径沿活塞销座轴线方向增大。此外，活塞销座附近的金属堆积，热膨胀量大，致使活塞裙部受热变形，在沿活塞销座轴线方向的直径增大量大于其他地方。为防止这些变形，必须预先在冷态下，把活塞做成长轴垂直于活塞销座方向的椭圆形。为减少销座附近处的热变形，有的活塞将销座附近的裙部外表面制成下陷 0.5～1.0mm。有的在活塞的裙部开有"T"形或"U"形槽，以减少热量从头部到裙部的传输。还有的在销座附近镶入膨胀系数低的"恒范钢片"。柴油机铸铝活塞的裙部有的镶铸筒形钢片或复式钢片的结构以减小活塞裙部的膨胀量。

(6) 答：裙部采用拖板式结构使活塞质量小，裙部的弹性好，从而使裙部与缸套间的装配间隙减小，保证良好的导向和密封性能。同时可为同轴上的平衡重块腾出足够的空间。对于采用滚柱轴承作为主轴承的柴油机来说，可避免轴承座圈与裙部相碰。

(7) 答：活塞下行时，由于环与缸壁之间的摩擦阻力以及环本身的惯性，环将压靠着环槽的上端面，缸壁上的机油被刮入下边隙和背隙内。当活塞上行时，环又压靠在环槽的下端面上，结果第一道环背隙里的油就进入气缸中。如此反复，就像油泵的作用一样，将缸壁的机油最后压入燃烧室中。

(8) 答：发动机工作时，曲轴经常受到离合器施加于飞轮的轴向作用而有轴向窜动的趋势。轴向窜动将破坏曲柄连杆机构各零件正确的相对位置，故必须用止推轴承加以限制。而在曲轴受热膨胀时，又允许它能自由伸长，所以曲轴上只能有一处设置轴向定位装置。常用的止推轴承的形式有翻边轴瓦的翻边部分和单制的具有减摩合金层的止推片。

(9) 答：优点是使活塞销各部分的磨损比较均匀，延长其使用寿命。为防止销的轴向窜动而刮伤缸壁，所以需要轴向定位。

(10) 答：曲轴上的平衡重用来平衡曲轴偏心质量形成的离心力和离心力矩，有时还用来平衡活塞连杆一部分往复惯性力。为减轻主轴承的载荷，改善工作条件，一般都在曲柄相反方向设置平衡重。有的曲轴没有平衡重是因为加平衡重会导致曲轴质量和材料消耗增加，锻造工艺复杂，因此对于各曲轴离心力和离心力矩本身能平衡，虽然存在弯矩，但由于采用全支承，本身刚度较大的曲轴，也可不设平衡重。

(11) 答：在安排多缸发动机发火次序时，应注意使连续做功的两缸相距尽可能远，以减轻主轴承的载荷，同时避免可能发生的进气重叠现象，即避免相邻两缸进气门同时开启，影响充气。同时发动机做功间隔应力求均匀，即发动机完成一个工作循环的曲轴转角内，每个气缸都应点火做功一次，以保证发动机运转平稳。

(12) 答：曲轴是一种扭转弹性体，发动机工作时，经连杆传给曲柄销的作用力的大小和方向都是周期性变化的，使曲轴上曲拐回转的瞬时角速度也呈周期性变化。而固装在曲轴上的飞轮转动惯量大，其瞬时角速度基本上是均匀的。于是在曲轴和飞轮间就产生了相对扭转振动。这将使发动机功率受损，定时齿轮或链条磨损增加，严重时甚至将曲轴扭断，所以要在曲轴前端安装扭转减振器，以减轻曲轴的扭转振动，使发动机工作平顺，延长发动机的使用寿命。

(13) 答：飞轮的主要作用是将在做功行程中曲轴做功的一部分储存起来，用以在其他行程克服阻力，带动曲柄连杆机构越过上、下止点，使曲轴旋转角速度和输出转矩尽可能均匀，并使发动机有可能克服短时间的超载荷。同时，飞轮外缘装有飞轮齿圈，便于起动发动机；此外飞轮还是汽车传动系中摩擦离合器的主动件。

第3章 配气机构

3.1 学习指导

3.1.1 本章基本内容与要点

本章基本内容：配气机构的布置形式；凸轮轴的布置形式；凸轮轴的传动方式；气门的数目及排列方式；气门间隙的作用；配气相位的含义；配气机构的基本组成与主要零部件结构；可变配气系统。

本章要点：配气机构的作用、不同类型的结构特点、工作原理；配气相位的含义；配气机构的基本组成与主要零部件结构。

3.1.2 名词术语

1. 充气效率：在进气行程中，实际进入气缸的新鲜空气或可燃混合气的质量与在理想状态下充满气缸工作容积的新鲜空气或可燃混合气的质量之比。

2. 气门间隙：通常在发动机冷态装配时，在气门杆尾端与气门驱动零件（摇臂、挺柱或凸轮）之间留有适当的间隙，以保证气门关闭严密，这一间隙称为气门间隙。

3. 配气相位：用曲轴转角表示的进、排气门实际开闭时刻和开启持续转角。

4. 气门重叠：进气门在上止点之前即开启，而排气门在上止点之后才关闭，出现了在一小段时间内进、排气门同时开启的现象，称为气门重叠。

5. 气门锥角：气门头部与气门座圈接触的工作面，是与杆部同心的锥面，这一锥面与气门顶部平面的夹角称为气门锥角。

3.1.3 分类、组成及基本工作原理

配气机构的功用是根据发动机的工作顺序，定时地开启和关闭各气缸的进、排气门，

以保证新鲜可燃混合气(汽油机)或空气(柴油机)得以及时进入气缸,并把燃烧后生成的废气及时排出气缸。

1. 基本分类

1) 配气机构的布置形式

配气机构按气门的布置形式可分为气门顶置式和气门侧置式。气门顶置式配气机构的进、排气门都倒装在气缸盖上,凸轮轴装在曲轴箱内。气门侧置式配气机构特点是进、排气门装在气缸体的一侧。气门顶置式配气机构燃烧室结构紧凑,充气阻力小,具有良好的抗爆性和高速性,易于提高发动机的动力性和经济性,应用广泛,而气门侧置式配气机构目前已被淘汰。

2) 凸轮轴的布置形式

凸轮轴的布置形式可分为上置、中置和下置三种形式。三者都可应用于气门顶置式配气机构,而气门侧置式配气机构的凸轮轴只能下置。凸轮轴下置式配气机构的凸轮轴布置在曲轴箱的中部;凸轮轴中置式配气机构的凸轮轴布置在气缸体上部,它经过挺柱直接驱动摇臂;凸轮轴上置式配气机构的凸轮轴布置在气缸盖上,凸轮轴可直接通过摇臂来驱动气门或直接驱动气门,适用于高速发动机。

3) 凸轮轴的传动方式

凸轮轴的传动方式有齿轮传动、链传动及齿形带传动。凸轮轴下置、中置式配气机构大多采用圆柱正时齿轮传动。为了保证装配时配气定时,凸轮轴定时齿轮与曲轴定时齿轮上都有定时记号,装配时必须对齐记号。链传动特别适用于凸轮轴上置式配气机构,但工作可靠性和耐久性不如齿轮传动,近年来在高速发动机上广泛采用齿形带来代替传动链,易于减小噪声、质量和成本。

4) 气门数目及排列方式

一般发动机都采用每缸两气门(一进一排),在中、高级新型轿车和运动型汽车发动机上普遍采用每缸多气门结构,如三气门(二进一排)、四气门(二进二排)和五气门(三进二排),排气门数目增加,提高了发动机的充气效率和动力性。

每缸两气门结构,通常将所有气门沿机体纵向轴线排成一列,有两种方式:一种是相邻两缸同名气门合用一个气道,可得到较大的气道截面积;另一种是将进、排气门交替布置,每缸单独占用一个气道,有助于气缸盖均匀冷却。每缸四气门结构,气门的排列方式有两种:同名气门排成两行和同名气门排成一列,前者不常采用。

5) 气门间隙

为保证气门关闭严密,通常发动机在冷态装配时,在气门杆尾端与气门驱动零件(摇臂、挺柱或凸轮)之间留有适当的间隙,称为气门间隙。一般在冷态下,进气门间隙为0.25~0.30mm,排气门间隙为0.30~0.35mm。气门间隙大小应适当,间隙过小会导致气门关闭不严,间隙过大会影响气门开启并会产生冲击响声。通过摇臂(或挺柱)上的调整螺钉及其锁紧螺母,可对气门间隙进行调整。

6) 配气相位图

配气相位通常用相对于上、下止点的曲轴转角的环形图来表示,称为配气相位图。由于发动机实际转速很高,活塞每一行程历时极短,故气门实际开闭时刻不是恰好在上、下止点,而是提前开、迟后关。现代发动机都采用延长进、排气门开启历时时间的方法来改善进、排气状况，以提高发动机的动力性。

在配气相位图中，一般用进气提前角 α 和进气迟后角 β 来表示进气门的配气相位，用排气提前角 γ 和排气迟后角 δ 来表示排气门的配气相位。其中进气持续角为 $\alpha+180°+\beta$，排气持续角为 $\gamma+180°+\delta$。气门重叠角为 $\alpha+\delta$。在配气相位的四个角中，进气迟后角 β 的大小对发动机性能影响最大，高速发动机要求该角较大一些。不同发动机的配气相位是不一样的。

2. 基本组成

配气机构主要由气门组和气门传动组两部分组成。

1) 气门组

气门组的作用是实现气缸的密封。气门组包括气门、气门导管、气门座和气门弹簧等主要零部件。

气门由头部和杆部组成。头部的形状有平顶、喇叭形顶和球面形顶。目前使用最多的是平顶气门头，进、排气门均可采用。喇叭形顶气门头多用于进气门，而不宜用于排气门。球面形顶气门头适用于排气门。另外，为尽量减小进气阻力，进气门头部直径一般大于排气门直径。

气门座为气缸盖或气缸体的进、排气道与气门锥面相结合的部位。其作用是靠其内锥面与气门锥面的紧密贴合来密封气缸，并接受由气门传来的热量。气门座可设置在气缸盖上(气门顶置)或气缸体上(气门侧置)。不少发动机的气门座是用耐热钢材或合金铸铁单独制成气门座圈，然后镶嵌在气缸盖或气缸体上。

气门弹簧的作用是借其张力克服气门关闭过程中因气门和传动件惯性力而产生的间隙，保证气门及时落座并紧密贴合，并防止气门因发动机的振动而跳动。

2) 气门传动组

气门传动组的作用是使气门按照发动机配气相位规定的时刻及时开、闭，并保证规定的开启时间和开启高度。气门传动组主要包括凸轮轴、凸轮轴定时齿轮、挺柱、推杆(气门顶置式配气机构)、摇臂和摇臂轴。

凸轮轴主要由凸轮、凸轮轴轴颈等组成。汽油机的下置凸轮轴上还设置用以驱动机油泵、分电器的螺旋齿轮和用以驱动汽油泵的偏心轮。同一气缸的进、排气凸轮的相对角位置是与既定的配气相位相适应的。发动机各缸的进、排气凸轮的相对角位置应符合发动机各缸的点火次序和点火间隔时间的要求。在装配曲轴和凸轮轴时，必须将齿轮定时标记对准，以保证正确的配气相位和点火时刻。为防止凸轮轴的轴向窜动和承受定时斜齿轮的轴向力，必须对凸轮轴轴向定位。

挺柱的作用是将凸轮的推力传递给推杆或气门杆，并承受凸轮轴旋转时所施加的侧向力。挺柱有普通挺柱和液力挺柱两种。普通挺柱有筒式和滚轮式，后者多用于大缸径柴油机的配气机构上。液力挺柱可消除配气机构中的间隙，减小各零件的冲击载荷和噪声，能在结构设计上使气门的开闭更快，减小进、排气阻力，提高发动机的高速性能。

摇臂是一个中间带圆孔的不等长双臂杠杆，其作用是将推杆传来的力改变方向，作用到气门杆尾部使其推动气门。摇臂分为普通摇臂和无噪声摇臂两种。

3.2 习题与习题详解

3.2.1 本章习题

1. 填空题

(1) 配气机构按凸轮轴的布置形式可分为_____、_____和_____；按凸轮轴的传动方式可分为_____、_____和_____。

(2) 充气效率越高，表明进入气缸内的新鲜空气或可燃混合气的质量就_____，发动机发出的功率就_____。

(3) 四冲程发动机每完成一个工作循环，曲轴旋转_____周，凸轮轴旋转_____周，各缸进、排气门各开启_____次，因此曲轴与凸轮轴的转速传动比为_____。

(4) 在冷态下，一般进气门的间隙为_____ mm，排气门的间隙为_____ mm。

(5) 某发动机的进气提前角为 α，进气迟后角为 β，排气提前角为 γ，排气迟后角为 δ，则该发动机的进、排气门重叠角为_____。

(6) 根据凸轮轴的_____及各缸进、排气和凸轮的工作顺序，可以判定发动机的_____。

(7) 在装配曲轴和凸轮轴时，必须将_____对准，以保证正确的配气相位和点火时刻。

(8) 气门弹簧座与气门是通过安装在气门杆尾部环形槽中的_____或径向孔中的_____连接的。

(9) 为了能对气门间隙进行调整，在摇臂或挺柱上装有_____及其调整螺母。

(10) 挺柱可分为普通挺柱和_____两种。普通挺柱有_____和_____两种结构形式，其中_____挺柱可减少磨损。

(11) 无噪声摇臂主要是通过_____装置消除气门与摇臂间的间隙，从而消除由此产生的冲击噪声。

2. 看图填空题

(1) _____
(2) _____
(3) _____
(4) _____
(5) _____
(6) _____
(7) _____
(8) _____
(9) _____
(10) _____

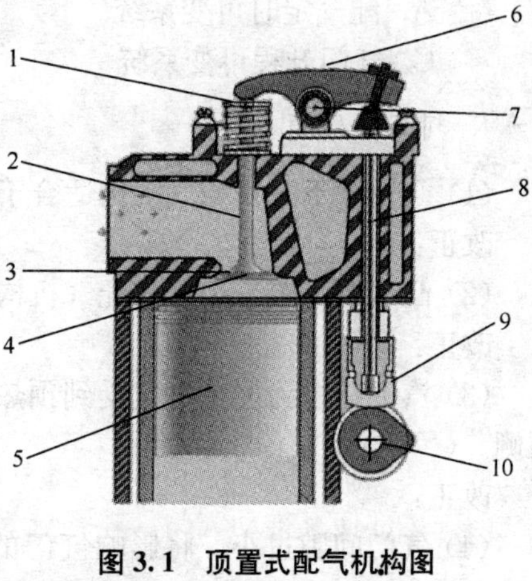

图 3.1 顶置式配气机构图

3. 选择题(单选或多选)

(1) 充气效率总是( )1的。
   A. 大于　　　　　B. 等于　　　　　C. 小于　　　　　D. 均可

(2) 凸轮轴定时齿轮一般是用( )制造的。
   A. 夹布胶木　　　B. 铸铁　　　　　C. 铝合金　　　　D. 钢

(3) 在发动机配气相位的四个角中,对发动机性能影响最大的角是( )。
   A. 进气提前角　　B. 进气迟后角　　C. 排气提前角　　D. 排气迟后角

(4) 高速汽车发动机凸轮轴传动方式一般采用( )。
   A. 齿轮传动　　　B. 链传动　　　　C. 齿形带传动　　D. 均可

(5) 气门头部与气门座圈接触的工作面采用锥形面的目的是( )。
   A. 能获得较大的气门座合压力　　　B. 可提高密封性和导热性
   C. 气门落座时有定位作用　　　　　D. 避免使气流拐弯过大而降低流速

(6) 汽油机凸轮轴上的偏心轮是用来驱动( )的。
   A. 机油泵　　　　B. 分电器　　　　C. 汽油泵　　　　D. 喷油泵

(7) 四冲程四缸发动机配气机构各缸的凸轮轴上进、排气凸轮彼此间的夹角是( )。
   A. 60°　　　　　B. 90°　　　　　C. 120°　　　　　D. 180°

(8) 发动机凸轮轮廓的形状决定了( )。
   A. 气门的密封情况　B. 气门的升程　　C. 气门的运动规律　D. 气门的磨损情况

(9) 气门弹簧的作用是( )
   A. 克服气门及传动件产生的间隙　　B. 保证气门及时落座并紧密贴合
   C. 防止气门因跳动而破坏密封　　　D. 避免气门磨损

(10) 大缸径柴油机的配气机构的挺柱大多采用( )。
   A. 液力挺柱　　　B. 筒式挺柱　　　C. 滚轮式挺柱　　D. 均可

(11) 采用液力挺柱的优点是( )
   A. 消除了配气机构的间隙　　　　　B. 减少零件间的冲击载荷和噪声
   C. 使气门开启和关闭更快　　　　　D. 减小进排气阻力,提高发动机性能

(12) 发动机可变进气系统中,VTCS指( )。
   A. 配气定时可变系统　　　　　　　B. 气门定时可变系统
   C. 气门升程可变系统　　　　　　　D. 进气管长度及面积可变系统

4. 判断改错题

(1) 凸轮轴下置式配气机构适合于高速发动机。( )
改正:

(2) 凸轮轴下置、中置式配气机构大多采用圆柱定时齿轮传动。( )
改正:

(3) 汽油机中为避免进气受到预热而影响充气效率,把进、排气道分别置于气缸盖的两侧。( )
改正:

(4) 气门间隙过小,将影响气门的开启量,同时在气门开启时产生较大的冲击声音。( )

改正：

（5）在进气行程下止点过后，活塞又上行一段，进气门才关闭，从下止点到进气门关闭对应的曲轴转角称为进气提前角。（ ）

改正：

（6）发动机转速越高，提前角和迟后角应越小。（ ）

改正：

（7）平顶气门头结构简单，制造容易，吸热面积较小，质量小，进、排气门均可采用。（ ）

改正：

（8）由于进气阻力对发动机性能影响较大，为尽量减小进气阻力，进气门直径往往大于排气门。（ ）

改正：

（9）在高速发动机中采用的双气门弹簧，两个气门弹簧的螺旋方向和螺距是相同的。（ ）。

改正：

（10）普通摇臂是一个两臂不等长的双臂杠杆，其中短臂是用来推动气门的。（ ）

改正：

5. 名词解释

（1）充气效率
（2）气门间隙
（3）配气相位
（4）气门重叠
（5）气门锥角

6. 问答题

（1）配气机构的功用是什么？其基本组成是什么？

（2）气门顶置式配气机构和侧置式配气机构有何优缺点？

（3）为什么发动机多采用每缸多气门的结构？

（4）发动机每缸采用四个气门，气门的排列方式有哪两种？各有什么优缺点？

（5）为什么一般在发动机的配气机构中要留气门间隙？气门间隙过大或过小有哪些危害？在哪里调整与测量？

（6）为什么进、排气门要提前开启、延迟关闭？已知某发动机的进气提前角为20°，气门重叠角为39°，进气持续角为256°，排气持续角为249°，画出配气相位图。

（7）气门头部的形状有几种？它们各自的特点是什么？

（8）气门座位于什么位置？其作用是什么？如何减少气门座在高温下工作时的严重磨损？

（9）气门弹簧起什么作用？如何避免气门弹簧发生共振？

（10）发动机加装气门旋转装置的作用是什么？

（11）如何对凸轮轴进行轴向定位？

（12）如何使挺柱与凸轮间磨损均匀？

(13) 可变进气系统主要有哪些类型？

3.2.2 习题详解

1. 填空题

(1) 下置式　中置式　上置式　齿轮传动式　链条传动式　齿形带传动式

(2) 越多　越大

(3) 2　1　1　2∶1

(4) 0.25～0.30　0.30～0.35

(5) $\alpha+\delta$

(6) 旋转方向　点火次序

(7) 齿轮定时标记

(8) 锥形锁片　锁销

(9) 调整螺钉

(10) 液力挺柱　筒式　滚轮式　滚轮式

(11) 凸环

2. 看图填空题

(1) 气门弹簧　(2) 气门杆部　(3) 气门座　(4) 气门头部　(5) 活塞

(6) 摇臂　(7) 摇臂轴　(8) 推杆　(9) 挺柱　(10) 凸轮轴

3. 选择题（单选或多选）

(1) C　(2) AB　(3) B　(4) C　(5) ABCD　(6) C

(7) B　(8) BC　(9) ABC　(10) C　(11) ABCD　(12) A

4. 判断改错题

(1) (×)。改正："下置"改为"上置"

(2) (√)。

(3) (×)。改正："汽油机"改为"柴油机"

(4) (×)。改正："过小"改为"过大"

(5) (×)。改正："进气提前角"改为"进气迟后角"

(6) (×)。改正："越小"改为"越大"

(7) (√)。

(8) (√)。

(9) (×)。改正："相同"改为"不同"

(10) (×)。改正："短臂"改为"长臂"

5. 名词解释

(1) 充气效率：在进气行程中，实际进入气缸的新鲜空气或可燃混合气的质量与在理想状态下充满气缸工作容积的新鲜空气或可燃混合气的质量之比。

(2) 气门间隙：气门受热后会膨胀，为了保证气门关闭严密，在发动机冷态装配时，在气门杆尾端及气门驱动件之间留有适当的间隙，这个间隙称为气门间隙。

(3) 配气相位：用曲轴转角来表示的进、排气门实际开、闭时刻和开启持续角度。

(4) 气门重叠：进气门在上止点前即开启，排气门在上止点后才关闭，出现了在一段时间内进、排气门同时开启的现象，这种现象称之为气门重叠。

(5) 气门锥角：气门头部与气门座圈接触的工作面，是与杆部同心的锥面，这一锥面与气门顶部平面的夹角称为气门锥角。

6. 问答题

(1) 答：配气机构的功用是根据发动机每一气缸内进行的工作顺序，定时地开启和关闭各气缸的进、排气门，以保证新鲜可燃混合气(汽油机)或空气(柴油机)得以及时进入气缸，并把燃烧后生成的废气及时排出气缸。配气机构由气门组和气门传动组组成。气门组包括气门、气门导管、气门座和气门弹簧等主要零部件。气门传动组主要包括凸轮轴、凸轮轴定时齿轮、挺柱、推杆(气门顶置式配气机构)、摇臂和摇臂轴。

(2) 答：与气门顶置式配气机构相配的发动机燃烧室结构紧凑，散热面积小，而且压缩比可以提高，进气道形状简单，进气阻力小，充气效率高，发动机输出的有效功率大。缺点是气门传动组零件多，结构复杂，成本高，同时发动机的高度也有所增加。侧置式配气机构，气门布置在气缸体的一侧，发动机燃烧室的结构不紧凑，限制了压缩比的提高，由于进气弯道多，进气流动阻力增加，因而发动机的动力性较差，目前这种形式的配气机构已被淘汰。

(3) 答：一般发动机都采用一个进气门、一个排气门的结构。为了保证气缸的换气性能，在结构允许的条件下，应尽量增大气门头部的直径，但气缸直径较大，活塞平均线速度较高时，每缸一个进气门、一个排气门的结构就不能保证良好的换气质量。故现在发动机多采用每缸多气门结构，这样进气门总的通过面积增大，充气效率提高，工作可靠性提高。

(4) 答：发动机每缸采用四个气门，气门的排列方式有两种：同名气门排成一行、同名气门排成一列。同名气门排成一行的排列方式会影响进气门充气效率，且前后两行气门热负荷不均匀，这种方案不常采用。同名气门排成一列这种结构在组织进气涡流、保证排气门及缸盖热负荷均匀等方面都具有优越性。

(5) 答：发动机在工作时，气门因温度升高而膨胀。如果气门及其传动件之间在冷态时无间隙或间隙过小，则在热态下，气门及其传动件的受热膨胀势必会引起气门关闭不严，造成发动机在压缩和做功行程中漏气，从而使功率下降，严重时甚至不易起动，为了消除这种现象，通常留有适当的气门间隙，以补偿受热后的膨胀量。气门间隙过大，将影响气门的开启量，同时在气门开启时产生较大的冲击响声。调整气门间隙时，挺柱应处于配气凸轮的基圆位置。气门间隙的大小由发动机制造厂根据实验确定，一般在冷态下，进气门间隙为 0.25～0.30mm，排气门间隙在 0.30～0.35mm。对于顶置式配气机构，气门间隙应在气门杆端与摇臂之间进行测量，测量时可将塞尺塞入两构件之间，读取间隙值，若不符合要求，则通过摇臂另一端的调整螺钉来调整。

(6) 答：进气门提前开启、延迟关闭的目的是为了提高充气效率。这是因为进气门提前开启可以保证在进气行程开始时，进气门已开大，新鲜气体能够顺利地充入气缸；当活塞到达下止点又开始上行，即压缩行程刚开始时，气缸内的压力仍低于大气压力，可以利用内外压力差及气流惯性力继续进气，因此进气门晚关一点是有利于进气的。排气门提前开启、延迟关闭的目的是使排气彻底，防止发动机过热。进气提前角为20°，气门重叠角为39°，则排气迟后角为19°。进气迟后角为56°，排气提前角为50°，配气相位图如图3.2所示。

（7）答：气门头部的形状有平顶、球面顶和喇叭形顶三种。平顶气门头部结构简单，制造方便，吸热面积小，质量也较小，进、排气门都可采用。球面顶气门头部适用于排气门，因为其强度高，排气阻力小，废气的清除效果好，但球面的受热面积大，质量和惯性力大，加工较复杂。喇叭形顶头部与杆部的过渡部分有一定的流线型，可以减少进气阻力，但其顶部受热面积大，故适用于进气门，而不适用于排气门。

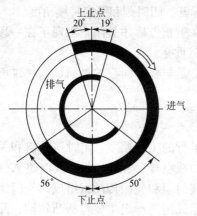

图3.2　配气相位图

（8）答：气缸盖或气缸体的进、排气道与气门锥面相结合的部位称为气门座。其作用是靠内锥面与气门锥面的紧密贴合密封气缸，并接受气门传来的热量。为减少气门座在高温下工作时的严重磨损问题，有不少发动机的气门座是用耐热钢材或合金铸铁单独制成气门座圈，然后镶入气缸盖或气缸体上的气门座圈孔中，以提高其使用寿命，同时便于更换。

（9）答：气门弹簧借其张力克服气门关闭过程中因气门及传动件惯性力而产生的间隙，保证气门及时落座并紧密贴合，同时也可防止气门在发动机振动时因跳动而破坏密封。为防止气门弹簧发生共振，可采用变螺距的圆柱形弹簧，还有的发动机一个气门装有同心安装的内外两根气门弹簧，也可防止气门弹簧发生共振。

（10）答：由于气门在工作中能相对于气门座缓慢地旋转，一方面可以使气门头沿圆周温度均匀，减少气门头部受热变形的可能性。另外，还有助于清洁密封锥面上的沉积物，使气门与气门座保持良好的接触，以便散热和密封。此外，气门的旋转还可以减少沉积物对气门杆的黏滞，从而使气门及时落座。

（11）答：在凸轮轴前轴颈与定时齿轮之间，压装一个调节隔圈，调节隔圈外面松套一止推板，止推板用固定螺钉固定在气缸前端面，因调节隔圈的厚度大于止推板，使止推板与定时齿轮的轮毂端面之间有一定间隙，间隙大小可通过改变调节隔圈的厚度来调整。当凸轮轴产生轴向移动时，止推板便与凸轮轴颈端面或定时齿轮轮毂接触，这样的装置既能限制凸轮轴的轴向窜动，又能使其自由转动。

（12）答：可将挺柱制成球面，而且把凸轮面制成带锥度形状，这样凸轮与挺柱的接触点偏离挺柱轴线，挺柱被凸轮顶起，接触点的摩擦力使其绕本身轴线转动，以达到使磨损均匀的目的。

（13）答：可变进气系统类型主要有：多气门分段参加工作的可变进气系统、双进气管分段参加工作的可变进气系统、进气管长度及面积可变进气系统、配气定时可变进气系统、气门定时和升程可变进气系统。

第 4 章 化油器式汽油机供给系统

4.1 学习指导

4.1.1 本章基本内容与要点

本章基本内容：化油器式汽油机供给系统的功用与组成；简单化油器的结构及工作原理；可燃混合气的形成过程；发动机各工况对可燃混合气成分的要求；化油器各系统的基本结构及工作原理；典型化油器的结构；燃油供给装置各组成部件的结构与工作原理。

本章要点：化油器式汽油机供给系统各部分的功用与组成；发动机各工况对可燃混合气成分的要求；化油器各系统的基本结构及工作原理。

4.1.2 名词术语

1. 空燃比：可燃混合气中，空气与燃料的质量比。
2. 过量空气系数：燃烧 1kg 燃料，实际供给的空气质量与完全燃烧 1kg 燃料理论上所需的空气质量的比值。
3. 理论混合气：过量空气系数为 1 时的可燃混合气。
4. 稀混合气：过量空气系数大于 1 时的可燃混合气。
5. 浓混合气：过量空气系数小于 1 时的可燃混合气。
6. 功率混合气：汽油发动机输出最大功率时的可燃混合气称为功率混合气。
7. 经济混合气：汽油发动机燃料消耗最低时的可燃混合气称为经济混合气。
8. 怠速：一般指发动机在对外无功率输出的情况下以最低转速运转，此时混合气燃烧后所做的功，只是用以克服发动机内部的阻力，使发动机保持最低转速稳定运转。

4.1.3 分类、组成及基本工作原理

1. 系统的功用与组成

汽油机供给系统的功用是根据发动机各种不同工况的要求，配制出一定数量和浓度的可燃混合气供入气缸，使之在临近压缩终了时点火燃烧而膨胀做功，最后将燃烧后的废气排到大气中。

一般化油器式汽油机供给系由燃油供给装置（包括油箱、汽油滤清器、汽油泵和油管等）、空气供给装置（即空气滤清器）、可燃混合气形成装置（化油器）和供给装置（进气管）等组成。

2. 发动机各种工况对可燃混合气成分的要求

车用汽油机在正常运转时，在小负荷和中负荷工况下要求化油器能随着负荷的增加，供给由浓逐渐变稀的混合气。当进入大负荷范围直到全负荷工况时，又要求混合气由稀变浓，最后加速到能保证发动机发出最大功率。

3. 化油器的分类

化油器按照喉管处空气的流向，可分为上吸式、下吸式和平吸式三种；按照重叠的喉管数目，可分为单喉管式、多重（双重或三重）喉管式；按照化油器空气腔的数目，可分为单腔式、双腔式、三腔式、四腔式，双腔式又可分为并动式和分动式两种。

4. 化油器的基本结构

化油器主要由主供油系统、怠速系统、加浓系统、加速系统、起动系统等部分构成。

主供油系统：除怠速和极小负荷以外的所有工况，主供油系统始终都起作用，要求随着节气门开度的加大供给多而稀的混合气。

怠速系统：怠速装置由怠速喷口、节气门上方的怠速过渡喷口、怠速调整螺钉、怠速量孔、怠速空气量孔、怠速油道及节气门最小开度限制螺钉等零件构成。怠速装置在怠速和小负荷工况下供给很浓的混合气。

加浓系统：在发动机大负荷和全负荷工况下额外供给一部分燃油，此时发动机能获得浓混合气，并保证混合气为功率混合气。加浓系统分为机械式和真空式两种。机械加浓装置只有节气门开度达到 80%～85% 时才起作用。真空式加浓系统有活塞式和膜片式两种，系统起作用的时刻取决于节气门后面的真空度，而节气门后面的真空度又与节气门开度和发动机转速有关。

加速系统：在节气门突然开大时额外将一定量的燃油喷入喉管，使混合气加浓，以适应发动机加速的需要。通常采用活塞式机械加速装置。

起动系统：在冷起动工况时，在化油器内形成极浓的混合气，使之进入气缸燃烧。其构造为在喉管之前装一个阻风门，用弹簧保持它经常处于全开位置。

5. 燃油供给装置

燃油供给装置由汽油箱、汽油滤清器、汽油泵及油管等组成,其作用是存储、滤清和输送燃油。其中汽油滤清器由滤清器外壳、滤芯及进、出油管接头等组成,作用是滤除汽油中的水分和杂质,滤芯的形式有纸质式、金属片缝隙式和多孔陶瓷式几种。汽油泵的作用是将汽油从油箱吸出,经汽油滤清器过滤后送入化油器浮子室内;汽油泵有机械式和电动式两种。

4.2 习题与习题详解

4.2.1 本章习题

1. 填空题

(1) 化油器式汽油机供给系统由_____、_____、_____和_____四部分组成。

(2) 汽油的使用性能指标主要包括_____、_____和热值。汽油机所用的汽油_____越强,则越易发生气阻导致发动机失速。汽油的辛烷值越高,汽油的_____越好。

(3) 空燃比为 14.7 或过量空气系数为 1 的可燃混合气为_____。

(4) 反映发动机工况的主要参数是_____和_____。

(5) 通过化油器量孔的汽油量大小,取决于量孔的_____和量孔前后_____的大小。

(6) 化油器主要由_____系统、_____系统、_____系统、_____系统和_____系统等组成。

(7) 主供油系统通过在喷管处加开带有_____的通气管来降低主量孔处的真空度。

(8) 化油器加浓系统分为_____和_____,其中_____加浓系统只有在节气门开度达到 80%~85% 时才起作用。

(9) 加速系统只有在节气门_____才起作用。

(10) 使用最广泛的起动系统是在喉管之前装一个_____。

(11) 按喉管处空气流动方向的不同,化油器分为_____、_____和_____三种。按重叠的喉管数目的不同,化油器分为_____和_____。

(12) EQH101 化油器中的 H 代表_____,1 代表该化油器为_____化油器。

(13) 汽油供给装置由_____、_____、_____及油管等组成。

(14) 化油器的节气门可并用两套操纵机构,即_____和_____。

(15) 常见的汽油泵有机械式和_____两种。其中机械式汽油泵是由发动机配气机构凸轮轴上的_____驱动的。

2. 看图填空题

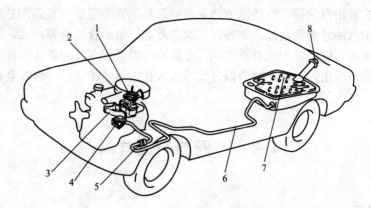

图 4.1　化油器式汽油机燃油供给系组成图

(1)＿＿＿＿＿＿　　(2)＿＿＿＿＿＿　　(3)＿＿＿＿＿＿　　(4)＿＿＿＿＿＿
(5)＿＿＿＿＿＿　　(6)＿＿＿＿＿＿　　(7)＿＿＿＿＿＿　　(8)＿＿＿＿＿＿

3. 选择题(单选或多选)

(1) 可燃混合气过浓会导致(　　)。
　　A. 燃烧室积炭　　B. 排气管冒黑烟　　C. 发动机功率下降　　D. 燃油消耗增加
(2) 空燃比小于 14.7 的混合气为(　　)混合气。
　　A. 浓　　　　　　B. 稀　　　　　　　C. 理论　　　　　　　D. 都不是
(3) 过量空气系数大于 1 的混合气为(　　)混合气。
　　A. 浓　　　　　　B. 稀　　　　　　　C. 理论　　　　　　　D. 都不是
(4) 火焰传播上限可燃混合气的过量空气系数范围为(　　)。
　　A. $\Phi_a \geqslant 0.4$　　B. $\Phi_a \geqslant 1.4$　　C. $\Phi_a \leqslant 0.4$　　D. $\Phi_a \leqslant 1.4$
(5) 化油器主供油系统主量孔处引入部分空气的目的是(　　)。
　　A. 降低主量孔处的真空度　　　　　　B. 降低汽油的流速
　　C. 减小汽油的流量　　　　　　　　　D. A、B、C 都有
(6) 机械加浓系统是否起作用取决于(　　)。
　　A. 发动机负荷　　B. 发动机转速　　　C. 节气门开度　　　　D. A、B、C 都有
(7) 真空加浓系统起作用的时刻与(　　)有关
　　A. 发动机负荷　　B. 发动机转速　　　C. 节气门后真空度　　D. 节气门开度
(8) 发动机在中等负荷工况下化油器供给的混合气(　　)。
　　A. 很稀　　　　　B. 较稀　　　　　　C. 浓　　　　　　　　D. 很浓
(9) 发动机在大负荷和全负荷工况，应以(　　)为主。
　　A. 动力性　　　　B. 经济性　　　　　C. 两者兼顾　　　　　D. 较稀混合气
(10) 冷起动时化油器的(　　)装置供油，以提供浓混合气。
　　A. 加浓　　　　　B. 急速　　　　　　C. 主供油　　　　　　D. 起动

4. 判断改错题

(1) 主供油系统在急速工况和极小负荷工况不供给燃油。(　　)

(2) 空燃比大于 14.7 的可燃混合气为浓混合气。（　　）

改正：

(3) 在常见的怠速系统中，从怠速喷口喷出的油来自主量孔。（　　）

改正：

(4) 机械加浓系统起作用的时刻只取决于节气门的开度，与发动机的转速无关。（　　）

改正：

(5) 在不同发动机转速下，发生功率停滞现象的节气门开度是相同的。（　　）

改正：

(6) 若节气门开度保持不变，节气门后面的真空度随发动机转速的升高而升高。（　　）

改正：

(7) 真空加浓系统起作用的时刻，完全取决于节气门后方的真空度。（　　）

改正：

(8) 只要踩下加速踏板，加速系统就会起作用。（　　）

改正：

(9) 加速系统的作用只是暂时的，当节气门停止运动，即使保持很大的开度，加速泵也不再起作用。（　　）

改正：

(10) 起动系统的阻风门平时是处于关闭状态的，发动机起动前要将阻风门拉开。（　　）

改正：

(11) 采用多重喉管的目的在于解决充气量与汽油雾化的矛盾。（　　）

改正：

(12) 双腔并动式化油器是由两个同样的单腔化油器串联的。（　　）

改正：

5. 名词解释

(1) 空燃比

(2) 过量空气系数

(3) 功率混合气

(4) 经济混合气

(5) 功率停滞

6. 问答题

(1) 汽油机供给系统的作用是什么？

(2) 为了保证发动机可靠运转，过量空气系数应在什么范围内变化？

(3) 汽车用发动机的各种工况对可燃混合气的浓度有何要求？请说明原因。

(4) 根据理想化油器特性，说明现代化油器各供油装置的作用。

(5) 主供油装置是在什么样的负荷范围内起作用？它的构造和工作原理如何？

(6) 怠速装置的构造和工作原理是什么？

(7) 机械加浓装置和真空加浓装置的构造和工作原理各如何？

(8) 说明加速装置的功用和工作原理。

(9) 起动装置的工作原理如何？

(10) 为什么发动机广泛使用下吸式化油器？为什么化油器要采用多重喉管？

(11) 汽油滤清器的作用是什么？

(12) 试述机械驱动膜片式汽油泵的工作原理。

4.2.2 习题详解

1. 填空题

(1) 燃油供给装置　空气供给装置　可燃混合气形成装置　可燃混合气供给装置

(2) 蒸发性　抗爆性　蒸发性　抗爆性

(3) 理论可燃混合气

(4) 负荷　转速

(5) 直径　压力差

(6) 主供油　怠速　加浓系统　加速　起动

(7) 空气量孔

(8) 机械式　真空式　机械式

(9) 节气门突然开大

(10) 阻风门

(11) 上吸式　下吸式　平吸式　单喉管式　多重喉管式

(12) 化油器　单腔

(13) 汽油箱　汽油泵　汽油滤清器

(14) 脚操纵机构　手操纵机构

(15) 电动式　偏心轮

2. 看图填空题

(1)化油器　　　　(2)空气滤清器　　　(3)进气管　　　　(4)汽油泵
(5)汽油滤清器　　(6)油管　　　　　　(7)油箱　　　　　(8)油箱盖

3. 选择题(单选或多选)

(1)ABCD　　　(2)A　　　　(3)B　　　　(4)C　　　　(5)A
(6)C　　　　　(7)ABCD　　(8)B　　　　(9)A　　　　(10)BCD

4. 判断改错题

(1) (√)。

(2) (×)。改正："大于"改为"小于"，或"浓混合气"改为"稀混合气"

(3) (√)。

(4) (√)。

(5) (×)。改正："相同"改为"不同"

(6) (√)。

(7) (√)。

(8)（×）。改正："踩下"改为"迅速踩下"
(9)（√）。
(10)（×）。改正：将"关闭"与"拉开"对调
(11)（√）。
(12)（×）。改正："串联"改为"并联"

5. 名词解释

(1) 空燃比：可燃混合气中，空气与燃料的质量比。
(2) 过量空气系数：燃烧1kg燃料实际供给的空气质量与完全燃烧1kg燃料理论上所需的空气质量的比值。
(3) 功率混合气：汽油发动机输出最大功率时的可燃混合气称为功率混合气。
(4) 经济混合气：汽油发动机燃料消耗最低时的可燃混合气称为经济混合气。
(5) 功率停滞：发动机的进气量和功率与节气门开启角度的关系是非线性的，随着节气门开启角度的加大，开始发动机功率的增长比较明显，但节气门还未达到完全开启时，功率就几乎不再增长，这种现象称之为功率停滞。

6. 问答题

(1) 答：汽油机供给系统的作用是根据发动机各种不同工况的需要，配制出一定数量和浓度的可燃混合气供入气缸，使之在临近压缩终了时点火燃烧而膨胀做功，最后将燃烧后的废气排到大气中。

(2) 答：当过量空气系数在0.8～1.2时，发动机能可靠稳定运转。当过量空气系数在0.85～0.95时，发动机发出最大功率。当过量空气系数在1.05～1.15时，发动机经济性最好。

(3) 答：

怠速工况：要求化油器提供很浓的混合气，过量空气系数在0.6～0.8。因为怠速工况时，汽油机的转速仍然很低，节气门接近于关闭状态，吸入气缸内的可燃混合气的量极少且雾化不良，而且气缸中残留的废气对可燃混合气的稀释作用也很强。

小负荷工况：要求化油器提供较浓的混合气，过量空气系数在0.7～0.9。因为小负荷工况时，新鲜混合气的品质改善，废气对混合气的稀释作用逐渐减弱，因而过量空气系数可以减小至0.7～0.9。

中等负荷工况：要求化油器提供稀混合气，过量空气系数在0.9～1.1（主要是过量空气系数＞1的稀混合气）。因为车用发动机大部分时间都是在中等负荷工况下工作的，此时，对经济性的要求是首要的。且中等负荷工况时，节气门有足够开度（＞68%），废气稀释的影响可以忽略不计。

大负荷和全负荷工况：要求化油器提供功率混合气，过量空气系数在0.85～0.95。因为车用发动机在大（全）负荷工况下工作时，节气门处于全开或近于全开（＞85%）状态，要求输出尽可能大的功率，即此时主要考虑动力性。

冷起动工况：要求化油器供给极浓的混合气，过量空气系数在0.2～0.6。因为冷起动时，发动机的转速极低，使得空气的流速非常低，汽油得不到良好的雾化，大部分以油粒的状态存在，使进入气缸的混合气过稀。

暖机工况：要求化油器提供的可燃混合气的浓度能随发动机温度的升高，从起动时的

最小值逐渐增大到稳定怠速所要求的数值。发动机冷起动后，开始自行运转，机体的温度逐渐上升，直到稳定怠速为止，这是一个过渡工况，所以过量空气系数没有确定值。

加速工况：要求化油器供给足够浓的可燃混合气。因为加速时，驾驶员猛踩加速踏板，使节气门开度突然加大，空气流量随着增加，但是由于液体燃料的惯性远大于空气的惯性，其燃料流量的增长比空气流量的增长要慢得多。而且在节气门急开时，进气管内压力骤然增加，同时由于冷空气来不及预热，使进气管内的温度降低，致使燃料的蒸发量相对减少，出现瞬时混合气过稀现象。

综上所述，车用汽油机在正常运转时，在小负荷和中负荷工况下要求化油器能随着负荷的增加，供给由浓逐渐变稀的混合气。当进入大负荷范围直到全负荷工况时，又要求混合气由稀变浓。

（4）答：理想的化油器特性：在小负荷和中负荷工况时，供给的可燃混合气的浓度能随着节气门开度的增加而由浓逐渐变稀；在大负荷工况时，再由稀逐渐变浓。

现代化油器各供油装置的作用如下：

主供油系统的作用：保证发动机正常工作时，化油器所供给的混合气随节气门开度的增加而由浓逐渐变稀，并在中等负荷工况达到最经济的成分。

怠速供油系统的作用：保证怠速和小负荷时，供给很浓的混合气，使怠速和极小负荷工况下的化油器特性曲线与理想化油器特性曲线一致。

加浓系统的作用：保证发动机在大、全负荷工况下获得浓混合气，并在全负荷时获得功率混合气，使大、全负荷时的化油器特性曲线接近于理想化油器特性曲线。

加速系统的作用：在进气门突然开大时，将一定量的额外燃油一次性地喷入喉管，临时加浓可燃混合气，以满足发动机加速的需要。

起动系统的作用：当发动机冷起动时，供给气缸极浓的混合气，以保证发动机顺利起动。

（5）答：除怠速和极小负荷以外的所有工况，主供油系统始终都起作用，要求随着节气门开度的加大供给多而稀的混合气。广泛采用的是降低主量孔处真空度的方案，其具体结构是在喷管上加开一个通气管，管上设有控制渗入空气流量的空气量孔。工作原理：在发动机未工作时，主喷管、通气管和浮子室的油面是等高的。加装空气量孔后，当发动机开始工作时，从主喷管喷出的不仅是汽油，还有从空气量孔渗入的空气，供给的混合气较稀。

（6）答：怠速装置由怠速喷口、节气门上方的怠速过渡喷口、怠速调整螺钉、怠速量孔、怠速空气量孔、怠速油道及节气门最小开度限制螺钉等零件构成。怠速装置在怠速和小负荷工况下供给很浓的混合气。工作原理：发动机怠速时，节气门接近全闭，节气门后面的真空度很高，在此真空度下，浮子室中的汽油经主量孔和怠速量孔流入怠速油道，与怠速空气量孔进入的空气混合形成泡沫状的油液，从怠速喷口喷出。喷出的泡沫状汽油受到高速流过节气门边缘的空气冲击再次雾化。

（7）答：加浓系统在发动机大负荷和全负荷工况下额外供给一部分燃油，此时发动机能获得浓混合气，并保证混合气为功率混合气。机械加浓装置的结构是在浮子内装有加浓量孔和加浓阀，加浓量孔与主量孔并联，加浓阀上方有推杆，与拉杆固连为一体，拉杆通过摇臂与节气门轴相连。当节气门开度超过80%～85%时，推杆开始顶开浓阀，汽油便从浮子室经加浓阀和加浓量孔流入主喷管，与从主量孔来的汽油汇合，由主喷管喷出。

活塞式真空加浓装置的结构是在浮子室内设置加浓量孔和加浓阀，其中加浓量孔和主量孔并联，加浓阀上有推杆，推杆与位于空气缸中的活塞相连，在推杆上装有弹簧。当节气门开度小时，节气门处的真空度大，推杆被上吸，不对加浓阀起作用；当节气门开度达到中等负荷时，节气门处的真空度变小，弹簧伸张而使推杆和活塞下落，推开加浓阀，增加供油使混合气加浓。

（8）答：加速装置的功用是在节气门突然开大时额外将一定量的燃油喷入喉管，使混合气加浓，以适应发动机加速的需要。通常采用活塞式机械加速装置，其主要结构为活塞—泵缸，节气门通过连接装置与活塞相连。当迅速改变节气门开度时，推动活塞急速移动，使泵缸内油压增高，关闭进油阀，汽油从加速喷口喷出；当缓慢改变节气门开度时，汽油会从进油阀流回浮子室。

（9）答：起动装置在冷起动工况时，在化油器内形成极浓的混合气，使之进入气缸燃烧。其构造为在喉管之前装一个阻风门，用弹簧保持它经常处于全开位置。工作原理是通过拉钮将阻风门关闭，阻风门后面产生很大的真空度，使得主供油系统和怠速系统都供油，通过阻风门边缘的空隙和阻风门上的小孔流入的空气量很少，故形成的混合气极浓。当阻风门后面的真空度过大时，阻风门上的自动阀会自动开启，放入空气，以免混合气过浓。

（10）答：下吸式化油器由于弯道少，进气阻力较上吸式的小，有利于提高充气效率和发动机功率；另外，化油器装在进气管上方，便于调整和维护。

化油器采用多重喉管是为了解决充气量与汽油雾化的矛盾。主喷管出口位于最小的喉管中，此处空气流速快，汽油的雾化较好，有利于提高燃油的经济性；大喉管与小喉管之间的环形通道则保证了化油器有足够的充气量，以满足动力性的要求。

（11）答：汽油在进入汽油泵以前，必须经过汽油滤清器除去汽油中的水分和杂质，以防止汽油泵、化油器等部件发生故障。

（12）答：机械驱动膜片式汽油泵工作过程分为吸油过程和泵油过程。吸油过程：当凸轮轴偏心轮顶动摇臂组件时，使膜片向下拱曲，膜片弹簧被压缩，膜片上方的容积增大，产生真空。此时，出油阀关闭，进油阀打开，汽油被吸入膜片上方的空间。泵油过程：当偏心轮继续旋转时，摇臂和膜片在弹簧作用下回位，使膜片上方的容积减小，油压升高。此时，进油阀关闭，出油阀打开，汽油被泵入化油器的浮子室内。汽油泵本身还可以实现泵油量的自动调节。

第 5 章 电控汽油喷射系统

5.1 学习指导

5.1.1 本章基本内容与要点

本章基本内容：电控燃油喷射系统的功用、组成、分类和工作原理；电控燃油喷射系统主要部件的构造和工作原理；汽油直喷装置的结构和工作原理。

本章要点：电控燃油喷射系统的组成和分类、L型汽油喷射系统的构成和工作原理，以及电控燃油喷射系统主要部件的构造和工作原理，如电动汽油泵、空气流量传感器、电控系统中的各类传感器等。

5.1.2 名词术语

1. 电控燃油喷射系统(EFI)：利用电子控制技术控制喷油器，将一定数量和压力的汽油直接喷射到进气管道或气缸中，与进入的空气混合而形成可燃混合气的汽油机燃油供给装置。
2. 节气门体喷射(TBI)：喷油器安装在节气门体上的电控燃油喷射系统。相当于化油器式发动机安装化油器的位置用喷油器代替。
3. 单点喷射(SPI)：在节气门体上装有1个或2个喷油器，将汽油喷入进气道后与进气气流混合，形成可燃混合气，由进气支管分配到各个气缸，这种喷射方式称为单点喷射。
4. 多点喷射(MPI)：在每个气缸的进气道设置一个喷油器，各个喷油器分别向各缸进气道(进气门前方)喷油，这种喷射方式称为多点喷射。
5. 汽油缸内直接喷射(GDI)：在每个气缸的气缸盖或燃烧室处安装高压燃油喷射器，将汽油直接喷入气缸内，这种喷射方式称为汽油缸内直接喷射。

5.1.3 分类、组成及基本工作原理

1. 电控汽油喷射系统分类

车用汽油喷射系统有多种类型，可按不同的方法进行分类。按喷射控制装置的型式，

分为机械控制式、机电混合控制式及电子控制式。按喷油器喷射部位的不同,分为缸内喷射和缸外喷射两种,其中缸外喷射又分为进气管喷射和进气道喷射。按喷油器数目的不同可分为单点喷射式和多点喷射式。按进气量检测方式的不同,分为流量型系统和压力型系统。按喷射控制方式的不同,分为连续性喷射和间歇式喷射,其中间歇式喷射还可按各缸喷射时间分为同时喷射、分组喷射和顺序喷射。

2. 系统基本组成与工作原理

电控汽油喷射系统由燃油供给系统、空气供给系统和电子控制系统组成。燃油供给系统主要由燃油箱、电动汽油泵、汽油滤清器、燃油分配管、油压调节器及喷油器等组成。空气供给系统主要由空气滤清器、空气流量传感器、节气门、怠速控制阀、进气总管及进气歧管等组成。电子控制系统主要由电控单元(ECU)、各种传感器及执行器三部分组成。

电控汽油喷射系统(EFI)是以电控单元(ECU)为控制中心,利用安装在发动机上不同部位的传感器,测出发动机的各种运行参数,精确地计算进入气缸的空气量,再按照电控单元中预存的控制程序精确地控制喷油,使发动机在各种不同工况下都能获得最佳浓度的混合气,以求得最佳的动力性、经济性及排放性。

3. L型汽油喷射系统

L型汽油喷射系统为多点、间歇式汽油喷射系统。它以发动机的进气量和发动机转速作为基本控制参数。L型汽油喷射系统的结构与原理如图5.1所示。汽油箱内的汽油被电动汽油泵吸出并加压至一定压力,经汽油滤清器后被送至燃油分配管。燃油分配管与安装在各缸进气歧管的喷油器相通。在燃油分配管的末端装有油压调节器,用来调节油压使其保持稳定。发动机的进气量由驾驶员通过加速踏板操纵节气门来控制。安装在进气管上的空气流量传感器将空气流量转变为电信号传输给电控单元。

喷油器的喷油量和喷油时刻由电控单元控制。电控单元首先根据转角传感器确定发动机转速,再根据转速和进气管压力计算相应的喷油量,并通过控制喷油持续时间来控制喷油量。电控单元根据曲轴转角传感器发出的第一缸上止点信号,控制各缸喷油器在进气行程开始之前进行喷油。电控单元根据控制参数计算出的喷油量是基本喷油量,尚须根据发动机的运行状况加以修正,以满足发动机各种运行工况对混合气成分的要求。

4. 系统主要部件结构与工作原理

1) 燃油供给系统

电动汽油泵:有滚柱式和叶片式两种。滚柱式电动汽油泵主要由泵体、滚柱、转子、汽油泵、电动机、限压阀、单向阀等组成。滚柱由电动机高速驱动,转子偏心地装在泵体内,滚柱安装在转子的凹槽中。当油泵旋转时,离心力的作用使滚子向外移动,紧贴在泵体壁面。同时由于惯性力作用,滚柱总是与转子凹槽一侧面贴紧,形成若干工作腔。工作时,进油口一侧的工作容积增大,成为低压油腔,汽油被吸入。出油口一侧的工作腔容积减小,成为高压油腔,汽油从压油腔经出油口流出。叶片式电动汽油泵主要由叶轮叶片、永久磁铁、电枢、炭刷、限压阀、单向止回阀、泵体等组成。圆形的叶轮周围是加工成小槽的泵油叶片。叶轮旋转使小槽内的汽油随叶轮一起高速旋转,离心力的作用使出油口的油压增高,而在进油口形成真空度,使汽油被吸入,从出油口排出。

燃油分配管：其功用是使汽油均匀、等压地输送给各缸喷油器，还有储油蓄压、减缓油压脉动的作用。截面较大的分配管可防止油压波动，保证各缸喷油量尽可能相等。分配管上的油压调节器主要是调节至喷油器的燃油压力，使油路中的燃油压力与进气管压力之差保持常数，这样喷油量就唯一地取决于喷油器的开启时间，使电控单元能够通过控制电脉冲宽度来精确控制喷油量。

喷油器：它是电控燃油喷射系统中最重要的零件。在多点喷射中，每缸都装有一个喷油器，作用是按照电控单元的指令将一定数量的汽油适时地喷入进气道或进气管内。

2）空气供给系统

空气流量传感器：其分为两种，一种是直接测量空气体积流量的传感器，如叶片式、卡门涡流式，另一种是直接测量空气质量流量的传感器，如热线式、热膜式等。叶片式空气流量传感器的叶片上装有电位器，可将叶片开启角度的变化（即进气量的变化）转变为电阻值大小的变化，电控单元将根据这种变化测出发动机进气管空气流量的多少。热线式空气流量传感器是一种测量空气质量型传感器，不需要校正大气温度、压力对测量精度的影响；工作时传感器中的铂热线、温度补偿电阻、精密电阻和高阻值电阻构成惠斯通电桥电路中的4个臂，空气流经传感器时受到一定冷却，电阻值随之减小，使电桥电路的电压发生变化，电控单元根据这一变化信号指示通过空气流量传感器的空气量，这时电路将自动增加供给铂热线的电流，使其恢复原有温度，直至电桥恢复平衡；流经铂热线空气流量越大，加热电流就越大，加热电流通过精密电阻产生的电压降即是空气流量的度量，电压降作为电压输出信号传给电控单元。热膜式空气流量传感器与热线式的结构与工作原理类似，它将热线、温度补偿电阻及精密电阻用厚膜工艺镀在一块陶瓷基片上（称为热膜电阻），装在测量管内，即用热膜代替热线，提高了传感器的可靠性和耐用性。

进气管压力传感器：它测量节气门后进气管内的绝对压力，将压力的变化以电压信号传给ECU，作为计算喷油量的主要参数。发动机工作时，进气管压力的大小反映了进气量的多少。一种压力传感器是将进气管真空度的变化转变为膜片的位移，进而使传感器内电阻器阻值发生变化，使输出电压发生变化。另一种压力传感器由抽空的弹性波纹管、铁心、感应线圈、定位弹簧和稳压孔组成，波纹管长度的变化使铁心位置变化，感应出线圈中不同的电动势（对应不同的喷油量），输出信号给ECU。

3）电子控制系统

电控单元：简称ECU，作用是根据其内存的程序和数据对各种传感器输入的信号进行运算、处理、判断，然后输出指令，向喷油器提供一定脉宽信号以控制喷油量。电控单元一般由CPU、ROM、PROM、RAM和I/O接口等组成。

传感器：电子控制系统中的传感器有很多，如反映发动机运行工况的节气门位置传感器，检测发动机循环冷却液温度的传感器，安装在空气流量传感器上用来测量进气温度的进气温度传感器，检测发动机第一缸和各缸压缩上止点位置信号、曲轴转角信号以及发动机转速的曲轴位置和转角传感器（有电磁感应式、光电式和霍尔效应式三种），以及安装在排气管上检测氧分子浓度的氧传感器（进行反馈控制传感器，常用的有二氧化锆型和二氧化钛型）等。

5.2 习题与习题详解

5.2.1 本章习题

1. 填空题

（1）电控燃油喷射系统主要由_____、_____和_____组成。

（2）电控燃油喷射的燃油供给系统主要由燃油箱、燃油滤清器、_____、_____及_____等组成。

（3）电控燃油喷射的空气供给系统主要由_____、_____、_____及_____等组成。

（4）电控燃油喷射的电子控制系统主要由_____、_____及_____等组成。

（5）汽油喷射系统按喷射的连续性将其分为____喷射式和____喷射式。电控汽油喷射系统都采用____喷射方式。

（6）L型汽油喷射系统以发动机的_____和_____作为基本的控制参数。

（7）L型汽油喷射系统的空气流量传感器是采用_____式，而LH型是采用_____式。

（8）D型汽油喷射系统以发动机的_____和_____作为基本的控制参数。

（9）电动汽油泵有_____和_____两种类型。

（10）燃油压力调节器调节油路中的燃油压力与进气管压力之差为_____，这样喷油器的喷油量便唯一地取决于喷油器的_____。

（11）电控单元利用电脉冲的____来控制喷油器每次喷油的开启时间，脉冲宽度越短，则喷油持续时间____，喷油量____。

（12）电控燃油喷射系统中，空燃比的调节采用调整_____的方式来进行。

（13）空气流量传感器分为两种：直接测量空气_____的传感器和直接测量空气_____的传感器。

（14）叶片式空气流量传感器在空气道上设置_____以调整急速时旁通空气道的空气量的大小。

（15）目前使用的氧传感器有_____和_____两种，其中应用最多的是_____氧传感器。

2. 看图填空题

(1)_____ (2)_____ (3)_____ (4)_____ (5)_____
(6)_____ (7)_____ (8)_____ (9)_____ (10)_____
(11)_____ (12)_____ (13)_____ (14)_____ (15)_____
(16)_____ (17)_____ (18)_____ (19)_____ (20)_____
(21)_____ (22)_____

（请选择答案：燃油滤清器，电控单元，汽油箱，电动汽油泵，氧传感器，冷起动喷嘴，节气门，燃油分配管，急速调节螺钉，发动机温度传感器，油压调节器，进气温度传感器，补充空气阀，空气流量计，喷油器，热时间开关，节气门位置传感器，急速混合气调节螺钉，分电器，蓄电池，继电器组，点火开关）

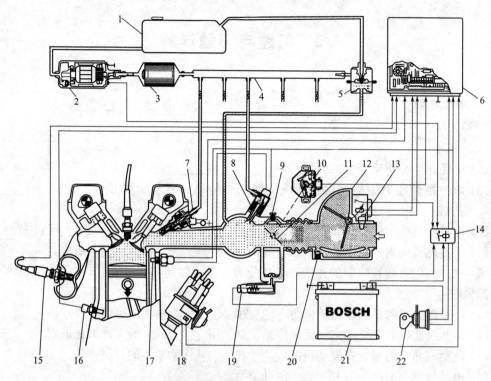

图 5.1 L 型汽油喷射系统

3. 选择题(单选或多选)

(1) 电控燃油喷射系统的优点有( )。
  A. 发动机效率提高　　　　　　　　B. 精确控制可燃混合气浓度
  C. 各缸可燃混合气分配均匀　　　　D. 节省燃油减少废气排放

(2) 燃油分配管的作用有( )。
  A. 输送的汽油均匀等压　　　　　　B. 储油蓄压
  C. 减缓油压脉动　　　　　　　　　D. 防止汽油爆震

(3) 进气温度传感器安装在( )。
  A. 进气总管的接口上　　　　　　　B. 节气门前方
  C. 节气门后方　　　　　　　　　　D. 空气流量计上

(4) L 型电控汽油喷射系统中的喷油器数( )。
  A. 等于气缸数　　B. 大于气缸数　　C. 少于气缸数

(5) 多点汽油喷射系统中的喷油器装于( )。
  A. 进气总管的接口上　　　　　　　B. 节气门下方
  C. 各缸进气门前方　　　　　　　　D. 伸入燃烧室内

(6) 曲轴位置传感器的类型有( )。
  A. 电磁感应式　　B. 光电式　　C. 磁敏式　　D. 霍尔效应式

(7) 属于直接测量空气体积流量的空气流量传感器是( )。
  A. 叶片式　　B. 卡门涡流式　　C. 热膜式　　D. 热线式

(8) 缸内直喷发动机与一般喷射发动机相比采取的特殊结构有（　　）。
　　A. 可变进气系统　　　　　　B. 进气涡流产生装置
　　C. 特殊活塞　　　　　　　　D. 高压涡流喷油器

4. 判断改错题

(1) 单点喷射系统在性能上优于电控化油器式燃油系统，但不及多点喷射系统。（　　）
改正：

(2) 缸外喷射系统燃油喷射压力要高于缸内直喷系统。（　　）
改正：

(3) L型电控汽油喷射系统是一种多点、连续式汽油喷油系统。（　　）
改正：

(4) 节气门体汽油喷射系统是单点喷射系统。（　　）
改正：

(5) 燃油分配管的截面一般都比较小，可防止燃油压力波动，保证各缸喷油器的喷油量尽可能相等。（　　）
改正：

(6) 氧传感器是电子控制汽油喷射系统进行反馈控制的传感器，安装在进气管上。（　　）
改正：

(7) 曲轴位置和转角传感器用来检测第一缸和各缸压缩上止点位置信号、曲轴转角及发动机转速。（　　）
改正：

(8) 热线式空气流量传感器需要校正大气温度和压力对测量精度的影响。（　　）
改正：

(9) 电控单元中的存储器 RAM 在微机中起暂时存储信息的作用，切断电源，则 RAM 中的数据全部消失。（　　）
改正：

(10) 冷却液温度传感器常采用对温度变化非常敏感的热敏电阻制成。（　　）
改正：

5. 名词解释

(1) 电控燃油喷射系统(EFI)
(2) 节气门体喷射(TBI)
(3) 单点喷射(SPI)
(4) 多点喷射(MPI)
(5) 汽油缸内直接喷射(GDI)

6. 问答题

(1) 电控燃油喷射式发动机有何优点？是如何分类的？
(2) L型电控汽油喷射系统有何特点？L型电控汽油喷射系统由哪些部分构成？
(3) 空气流量传感器有哪几种？它们有何优缺点？
(4) 在电子控制汽油喷射系统中，喷油器的实际喷油量是如何确定的？试述其过程。

(5) 油压调节器有何作用？它的结构和工作原理是什么？
(6) 怠速控制阀的结构与工作原理是什么？步进电动机如何实现怠速控制？
(7) 氧传感器的作用是什么？如何将空燃比控制在14.7∶1附近？
(8) 节气门位置传感器的结构和工作原理是什么？
(9) 冷却液温度传感器的功用、结构及工作原理是什么？
(10) 进气温度传感器的功用、结构及工作原理是什么？

5.2.2 习题详解

1. 填空题

(1) 燃油供给系统　空气供给系统　电子控制系统
(2) 燃油泵　燃油压力调节器　喷油器
(3) 空气滤清器　空气流量传感器　进气总管　进气歧管
(4) 电控单元　各种传感器　执行器
(5) 间歇　连续　间歇
(6) 进气量　转速
(7) 叶片式　热线式
(8) 进气管压力　转速
(9) 滚柱式　叶片式
(10) 常数　开启时间
(11) 宽度　短　少
(12) 喷油量
(13) 体积流量　质量流量
(14) 怠速调整螺钉
(15) 二氧化锆　二氧化钛　二氧化锆

2. 看图填空题

(1) 汽油箱　(2) 电动汽油泵　(3) 燃油滤清器　(4) 燃油分配管　(5) 油压调节器　(6) 电控单元　(7) 喷油器　(8) 冷起动喷嘴　(9) 怠速调节螺钉　(10) 节气门位置传感器　(11) 节气门　(12) 空气流量计　(13) 进气温度传感器　(14) 继电器组　(15) 氧传感器　(16) 发动机温度传感器　(17) 热时间开关　(18) 分电器　(19) 补充空气阀　(20) 怠速混合气调节螺钉　(21) 蓄电池　(22) 点火开关

3. 选择题（单选或多选）

(1) ABCD　(2) ABC　(3) D　(4) A　(5) C　(6) ABD　(7) AB　(8) BCD

4. 判断改错题

(1) (√)。
(2) (×)。改正："高于"改为"低于"
(3) (×)。改正："连续式"改为"间歇式"
(4) (√)。

(5)（×）。改正："比较小"改为"比较大"
(6)（×）。改正："进气管"改为"排气管"
(7)（√）。
(8)（×）。改正："需要"改为"不需要"
(9)（√）。
(10)（√）。

5. 名词解释

(1) 电控燃油喷射系统（EFI）：利用电子控制技术控制喷油器，将一定数量和压力的汽油直接喷射到进气管道或气缸中，与进入的空气混合而形成可燃混合气的汽油机燃油供给装置。

(2) 节气门体喷射（TBI）：喷油器安装在节气门体上的电控燃油喷射系统。相当于化油器式发动机安装化油器的位置用喷油器代替。

(3) 单点喷射（SPI）：在节气门体上装有一个或两个喷油器，将汽油喷入进气道后与进气气流混合，形成可燃混合气，由进气支管分配到各个气缸，这种喷射方式称为单点喷射。

(4) 多点喷射（MPI）：在每个气缸的进气道设置一个喷油器，各个喷油器分别向各缸进气道（进气门前方）喷油，这种喷射方式称为多点喷射。

(5) 汽油缸内直接喷射（GDI）：在每个气缸的气缸盖或燃烧室处安装高压燃油喷射器，将汽油直接喷入气缸内，这种喷射方式称为汽油缸内直接喷射。

6. 问答题

(1) 答：电控燃油喷射式发动机的优点是进气管道中没有狭窄的喉管，空气流动阻力小，充气性能好，因此输出功率也较大；混合气的分配均匀性好；可以随着发动机的使用工况及使用场合的变化而配置最佳的混合气成分，可同时按发动机的经济性、动力性，特别是按减少排放有害物的要求确定最佳的混合气成分；具有良好的加速等性能；不像化油器那样在进气管内留有相当的油膜层，这对于降低油耗也有一定的好处。缺点是系统的布置复杂，制造成本较高。

电控燃油喷射式发动机的分类：按汽油喷射位置的不同分为缸内喷射式和进气管喷射式。按控制系统结构形式的不同分为机械控制式和电子控制式。按喷油器数目的不同分为单点喷射式和多点喷射式。

(2) 答：L型电控汽油喷射系统的特点：采用空气流量传感器，以空气流入量为控制基础。以空气流量与发动机转速作为控制喷油量的基本因素；同时还可接收节气门位置、冷却液温度、空气温度等传感器检测到的表征发动机运行工况的信息作为喷油量的校正，使发动机运转稳定。

L型电控汽油喷射系统主要由燃油供给、空气供给和电子控制三个部分构成。燃油供给装置包括燃油箱、电动汽油泵、汽油滤清器及压力调节器等。空气供给装置包括空气滤清器、空气流量传感器及进气管等。电子控制部分实际是一个微型计算机，内有集成电路、电子元件与印制电路板，包括起动机起动与关闭控制单元、发动机转速控制单元、节气门开度控制单元、空气流量控制单元、喷油量控制单元、冷却液及空气温度控制单元等。

(3) 答：空气流量传感器可分为两种：一种是直接测量空气体积流量的传感器，如叶片式、卡门涡流式；另一种是直接测量空气质量流量的传感器，如热线式、热膜式。采用体积流量的传感器测定的空气容积流量，还必须进行修正，往往与进气温度和绝对压力传感器一起使用。叶片式空气流量传感器结构简单，且在发动机全部工况范围内可使空气流量的测量保持正常，但在发动机急加速时响应时间较长、进气阻力较大、大气压力和温度变化时需要修正。热线式空气流量传感器精度较高，响应特性较好，没有运动件无磨损，进气阻力小，缺点是热线表面的尘埃影响测量精度，为克服这一缺点，可在电控单元设计自洁电路。热膜式空气流量传感器可提高空气流量传感器的可靠性和耐用性，并且热膜不会被空气中的灰尘黏附，热膜式空气流量传感器可满足精度要求，且结构简单，抗污能力优于热线式空气流量传感器。

(4) 答：电子控制汽油喷射系统中喷油器按照电控单元的指令将一定数量的汽油适时地喷入进气道或进气管内，并与其中的空气混合形成可燃混合气。常采用的轴针式喷油器体内有一个电磁线圈，喷油器头部的针阀与衔铁结合成一体。电控单元以电脉冲的形式向喷油器输出控制电流。当电控单元送来电流信号时，电磁线圈通电，产生电磁力，吸起铁芯与针阀，将燃油通过精确设计的轴针头部环形间隙喷出，在喷油器头部前端将燃油粉碎雾化，与空气混合，在发动机进气行程中被吸入气缸。电控单元利用电脉冲的宽度来控制喷油器每次打开喷油的时间，从而控制喷油量。电脉冲从升起到回落所持续的时间称为脉冲宽度。若电控单元输出的脉冲宽度短，则喷油持续时间短，喷油量少；若电控单元输出的脉冲宽度长，则喷油持续时间长，喷油量多。

(5) 答：油压调节器的作用是调节至喷油器的燃油压力，使油路中的燃油压力与进气管压力之差保持常数，这样从喷油器喷出的燃油量就唯一地取决于喷油器的开启时间，使电控单元能够通过控制电脉冲宽度来精确控制喷油量。油压调节器中的膜片将油压调节器隔成上下两个腔。上腔有进油口连接燃油分配管，回油口与汽油箱连通。下腔通过真空管与节气门后的进气管相连。当燃油压力与进气管压力之差超过预调的压力值时，膜片上方的燃油就推动膜片向下压缩弹簧，打开回油阀，超压的燃油流回燃油箱，以保持一定的燃油压力。燃油供给系统的压力与进气管压力之差由油压调节器中的弹簧弹力限定，调节弹簧预紧力可改变二者的压力差，即改变喷油压力。燃油压力调节器安装在燃油分配管的一端，可使燃油压力调节在正常范围内。

(6) 答：怠速控制阀的功用是自动调节发动机的怠速转速，使发动机在设定的怠速转速下稳定运转。步进电动机式怠速控制阀由步进电动机、螺旋机构和锥面控制阀组成。螺旋机构中的螺母和步进电动机的转子制成一体，而螺杆和锥面控制阀制成一体。步进电动机中有几组励磁线圈，改变励磁线圈的通电顺序，可以改变电机的旋转方向。步进电动机由电控单元控制。电控单元从发动机转速传感器获得发动机实际转速信息，并将实际转速与预编程序中设定的转速相比较，根据两者偏差的大小向励磁线圈输出不同的控制脉冲电流。这时步进电动机正转或反转一定的角度，并驱动螺杆和锥面控制阀向前或向后移动一定的距离，使旁通空气道的通过断面减小或增大，从而改变了进气量，达到控制怠速转速的目的。

(7) 答：氧传感器的作用是检测排气中氧分子的浓度，检测实际可燃混合气的空燃比较理论空燃比的偏离程度，并将其转换成电压信号输入电控单元，控制喷油脉冲宽度，满足最佳排气净化要求。排气中氧分子的浓度与进入发动机的混合气成分有关。当混合气太稀，排气中氧分子的浓度较高时，氧传感器将产生一个低电压信号；当混合气太浓，排气中氧分子的浓度较低时，氧传感器将产生一个高电压信号。电控单元根据氧传感器的反馈信号，不断地修正喷油量，使混合气成分始终保持在最佳范围内。

（8）答：节气门位置传感器内部是一种滑动电位计，由节气门轴带动电位计的滑动触点。不同的节气门开度，电位计的电阻值不同，从而将节气门的开度转变为电阻或电压信号输送给微机。微机通过节气门位置传感器可获得表示节气门由全闭到全开的所有开启角度的连续变化信号，以及节气门开度的变化率，从而更加精确地判断发动机的运行工况，提高控制精度和效果。为了准确检测怠速工况（节气门全关）的信号，综合型节气门位置传感器有一个怠速触点。节气门全闭时，怠速输出触点接通，传感器输出怠速信号，这时电控单元将指令喷油器增加喷油量以加浓混合气。

（9）答：冷却液温度传感器安装在发动机机体或气缸盖上，与冷却液接触，用来检测发动机循环冷却液的温度，并将检测结果输送给电控单元以便修正喷油量和点火正时。冷却液温度传感器常采用对温度变化非常敏感的热敏电阻制成。传感器的两根导线都与电控单元连接，其中一根为搭铁线。热敏电阻经常采用负温度系数电阻，冷却液温度越低，热敏电阻阻值越大，电控单元根据这一信号，增加喷油量，使可燃混合气浓度增加；反之减少喷油量。

（10）答：进气温度传感器通常安装在空气流量计上，用来测量进气温度。进气温度传感器与空气流量传感器相配合，测量空气温度的变化，以确定空气密度的变化，进而获得较精确的空气质量流量及空燃比，并将温度变化的信息传输给电控单元作为修正喷油量的依据之一。进气温度传感器内部也是一个热敏电阻，其电阻温度特性、构造、工作原理以及与电控单元的连接方式均与发动机冷却液温度传感器相同。

第 6 章
柴油机燃料供给系统

6.1 学习指导

6.1.1 本章基本内容与要点

本章基本内容：柴油机混合气形成特点，柴油机燃烧室类型；燃油供给系统的功用与组成；孔式与轴针式喷油器的组成及工作原理；柱塞式喷油泵与分配式喷油泵的基本结构和工作原理；调速器的功用以及两极式和全程式调速器的基本结构及工作原理；柴油滤清器、油水分离器和输油泵的基本组成和工作原理。

本章要点：机械式燃油供给系统的功用和组成；喷油器的组成及工作原理；柱塞式喷油泵的基本结构和工作原理；调速器的功用。

6.1.2 名词术语

1. 柱塞行程：柱塞由上止点移动到下止点所经过的距离。
2. 柱塞有效行程：柱塞顶面封闭柱塞套油孔到柱塞螺旋槽打开柱塞套油孔所对应的柱塞行程。
3. 最佳供油提前角：在转速和供油量一定的条件下，能获得最大功率及最小燃油消耗率的喷油时刻。
4. 柴油机"飞车"：柴油机的转速短时间内超过允许的最大极限转速，而失去控制的现象。
5. 两极式调速器：柴油机在最高转速和怠速时起到自动调节循环供油量的作用，而在其他任何转速调速器不起作用，由驾驶员控制柴油机转速的变化。

6.1.3 分类、组成及基本工作原理

1. 柴油机燃油供给系统的功用

柴油机燃油供给系统的功用是储存、滤清柴油，按柴油机不同的工况要求，以规定的

工作顺序，定时、定量并按一定喷射规律向柴油机各缸供给高压燃油，使其与空气迅速而良好地混合并燃烧，最后将废气排入大气。

2. 柴油机燃烧室的分类

柴油机燃烧室可分为：直喷式燃烧室和非直喷式（也称分隔式）燃烧室。直喷式燃烧室可根据活塞顶部凹坑的深浅分为半开式（如 ω 形、球形等）和开式（如浅盆形）两类。非直喷式燃烧室的结构特点是除位于活塞顶部的主燃烧室外，还有位于缸盖内的副燃烧室。燃油不直接喷入主燃烧室，而是喷入副燃烧室。典型的非直喷式燃烧室有涡流室式燃烧室和预燃室式燃烧室。

3. 柴油机燃油供给系统组成及工作原理

常见的柴油机燃油供给系统有两种：直列柱塞式喷油泵燃油供给系统和分配式喷油泵燃油供给系统。

在直列柱塞式喷油泵燃油供给系统中，喷油泵一般由柴油机曲轴的定时齿轮驱动。固定在泵体上的输油泵由喷油泵的凸轮轴驱动。柴油机工作时，输油泵从油箱吸出柴油，经油水分离器除去水分，再经燃油滤清器滤除杂质，然后送入喷油泵。在喷油泵内，柴油经过加压和计量后经高压油管供入喷油器，最后将柴油喷入燃烧室。喷油泵前端装有喷油提前器，后端与调速器组成一体。输油泵供给的多余燃油经回油管返回油箱。

在分配式喷油泵燃油供给系统中，输油泵有两级。一级喷油泵为膜片式，由配气机构的凸轮轴驱动。二级输油泵为滑片式，装在喷油泵的泵体内，由其传动轴驱动。柴油机工作时，一级输油泵将柴油从油箱吸出，经油水分离器和燃油滤清器，再将燃油送入二级输油泵，经加压后充入密封的分配式喷油泵体中，再经增压和计量后进入喷油器。

4. 喷油器

喷油器的作用是将燃油雾化成容易着火和燃烧的油雾，并使喷雾和燃烧室相配合，分散到燃烧室各处，和空气充分混合。

喷油器主要由针阀、针阀体、压紧弹簧、锁紧螺母、喷油器体、顶杆、密封锥面等组成。喷油器的喷嘴是由针阀和针阀体组成的一对精密偶件，通过锁紧螺母与喷油器体紧固在一起。调压弹簧调整喷油压力，调压弹簧的预紧力通过顶杆作用在针阀上。针阀压紧在针阀体内的密封锥面上。

喷油器一般分为孔式喷油器和轴针式喷油器两种。孔式喷油器用于直喷式燃烧室柴油机上，其喷油嘴头部加工有一个、两个或多个喷孔。轴针式喷油器主要用于非直喷式燃烧室的柴油机上，其结构和原理与孔式喷油器相似，只不过轴针式喷油器是将针阀头部的轴针深入针阀体的喷油孔内，针阀升起后，燃油从喷油孔和轴针之间的环状间隙中喷出。

5. 柱塞式喷油泵

喷油泵的功用是根据柴油机的运行工况和工作顺序，定时、定量地向喷油器输送高压燃油，并保证供油迅速，停油干脆。车用柴油机的喷油泵一般分为柱塞式、转子分配式和泵-喷嘴式三类。

柱塞式喷油泵的泵油机构主要由凸轮、柱塞偶件和柱塞弹簧等组成。柱塞偶件由柱塞和柱塞套构成。出油阀偶件由出油阀和出油阀座构成。柱塞由凸轮轴、挺杆驱动，按喷油次序，依次在各自的柱塞套内做往复运动。

柱塞式喷油泵的泵油过程可分为吸油过程、泵油过程、回油过程三个阶段。吸油过程中，喷油泵的柱塞是由凸轮轴的凸轮驱动的。随着凸轮轴的旋转，当凸轮的凸起部分离开柱塞时，柱塞在柱塞弹簧的作用下下移，油腔容积增大，压力减小；当柱塞套上的径向进油孔露出时，低压油腔中的燃油便顺着进油孔流入泵腔。泵油过程中，随着凸轮轴的旋转，当凸轮的凸起部分将柱塞顶起时，泵腔内的容积减小，压力增大，燃油顺着柱塞套上的径向油孔流回低压油腔；当柱塞上行到将柱塞套上的径向油孔完全封闭时，泵腔的压力迅速增加；当此压力克服出油阀弹簧的预紧力时，出油阀上移；当出油阀上的减压环带离开阀座时，高压柴油便泵到高压油管中，经喷油器喷入气缸中。回油过程中，随着柱塞的继续上移，当柱塞上的斜槽与柱塞套上的径向油孔相通时，泵腔中的燃油便通过柱塞上的轴向油道、斜油道及柱塞套上的油孔流回到低压油腔，泵油停止。

6．调速器

调速器的功用是随发动机负荷的变化，自动调节喷油泵的循环供油量，稳定柴油机工作转速，防止高速"飞车"和低速或怠速不稳。

汽车柴油机调速器按其工作原理分为：机械式、气动式、液压式、电子式、复合式等。其中机械式调速器应用最为广泛。按调速器起作用的转速范围不同，又可分为两级式调速器和全程式调速器。

两极式调速器在柴油机的最高转速和怠速时起到自动调节循环供油量的作用，而在最高转速和怠速之间的其他任何转速调速器不起作用，而是由驾驶员控制柴油机转速的变化。全程式调速器则在柴油机整个转速范围内都起调速作用。

6.2　习题与习题详解

6.2.1　本章习题

1．填空题

(1) 柴油的混合气形成直接影响燃烧，影响燃烧的因数有：燃油物化品质、_____、_____和_____。

(2) 柴油的自燃能力用_____表示。_____越高，发火性_____，越容易自燃。

(3) 车用柴油机的牌号按其_____分为 10、5、0、-10、-20 等。

(4) 柴油机的燃烧室可分为两大类：_____和_____。

(5) 柴油机在进气行程进入气缸的是_____，非直喷汽油机在进气冲程进入气缸的是_____。

(6) 柴油机三大偶件分别是_____、_____和_____。

(7) 柱塞式 A 型喷油泵由_____、_____、_____和_____四个部分构成。

(8) 喷油系统的作用是_____、_____，并按一定规律向柴油机各缸供给高压燃油。

(9) 根据喷油器结构形式的不同，闭式喷油器可分为_____和_____。

(10) 出油阀偶件是由_____和_____构成。

(11) 柴油机和汽油机的混合气的着火方式分别是_____和_____。

(12) 喷油泵的供油量主要决定于_____的位置，另外还受_____的影响。

(13) 柴油机的最佳喷油提前角随供油量和曲轴转速的变化而变化，供油量越大，转速越高，则最佳供油提前角____。

(14) 调节柴油机整个喷油泵供油提前角的方法是改变_____与_____之间的相对角位置。

(15) 柱塞式喷油泵中，当直槽与径向油孔对准时，柱塞的供油有效行程为____，喷油泵停止供油。

(16) 根据调速器起作用的转速的范围不同可分为_____和_____。

(17) 柴油机调速器的作用是，随着柴油机_____的变化，自动调节喷油泵循环供油量。

(18) 活塞式输油泵安装在柱塞式喷油泵的侧面，并由喷油泵凸轮轴上的____驱动。

(19) 柴油机形成良好混合气的方法有两种，分别为_____和_____。

2. 看图填空题

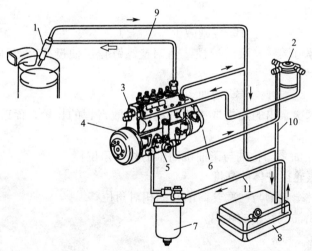

图 6.1 柱塞式喷油泵燃油供给系统

(1) _____ (2) _____ (3) _____ (4) _____ (5) _____
(6) _____ (7) _____ (8) _____ (9) _____ (10) _____
(11) _____

3. 选择题（单选或多选）

(1) 柴油机燃烧过程中，气缸内温度达最高时在(　　)。

A. 后燃期　　　　B. 速燃期　　　　C. 缓燃期　　　　D. 着火准备期

(2) 柴油机各缸的高压油管的长度应（　　）。
　　A. 相同　　　　　　　　　　B. 不同
　　C. 根据具体情况而定　　　　D. 无所谓
(3) 喷油器的喷油压力轴针式比孔式要（　　）。
　　A. 大　　　　B. 小　　　　C. 相同　　　　D. 不确定
(4) 喷油泵柱塞行程大小取决于（　　）。
　　A. 柱塞的长度　　　　　　　B. 喷油时间的长短
　　C. 喷油泵凸轮的最大升程　　D. 柱塞运行的时间
(5) 喷油泵柱塞的有效行程比柱塞行程（　　）。
　　A. 大　　　　B. 小　　　　C. 等于　　　　D. 不确定
(6) 喷油泵是在（　　）内喷油的。
　　A. 柱塞有效行程　　B. 柱塞行程　　C. A、B均可　　D. 不确定
(7) 喷油泵中的分泵数量与发动机的气缸数量关系是（　　）。
　　A. 小于　　　　B. 等于　　　　C. 大于　　　　D. 不确定
(8) 柴油机曲轴转速与喷油泵凸轮轴转速的关系为（　　）。
　　A. 1∶1　　　　B. 1∶2　　　　C. 2∶1　　　　D. 4∶1
(9) 改变喷油泵柱塞与柱塞套的相对位置，则可改变喷油泵的（　　）。
　　A. 供油时刻　　B. 供油压力　　C. 供油量　　D. 喷油锥角
(10) 当油量调节拉杆位置不变时，柴油机喷油泵的供油量随凸轮轴转速的升高而（　　）。
　　A. 减少　　　　B. 急剧减少　　C. 不变　　　　D. 增加
(11) 喷油泵螺钉调整式滚轮挺柱，当调整螺钉拧出使挺杆有效高度增加时，则该缸的供油提前角（　　）。
　　A. 不变　　　　B. 增加　　　　C. 减小　　　　D. 不一定
(12) 喷油泵每次泵出的油量取决于柱塞的有效行程的长短，而改变有效行程可采用（　　）。
　　A. 改变喷油泵凸轮轴与柴油机曲轴的相对角位移
　　B. 改变滚轮挺柱体的高度
　　C. 改变柱塞斜槽与柱塞套筒油孔的相对角位移
　　D. 改变出油阀移动的距离

4. 判断改错题

(1) 自然吸气柴油机的过量空气系数比汽油机大。（　　）
改正：
(2) 孔式喷油器主要用于直接喷射式燃烧室的柴油机上，而轴针式喷油器适用于涡流室燃烧室、预燃室燃烧室，也适用于U形燃烧室中。（　　）
改正：
(3) 柴油机供给系统随发动机负荷的改变可相应地改变供油量，且各缸间的供油量是不一致的。（　　）
改正：

(4) 柱塞的行程也是喷油泵凸轮的最大升程，在柱塞上移的整个行程中，喷油泵都供油。（ ）

改正：

(5) 柴油机各缸之间有同一的喷油提前角，且这一提前角是可调的。（ ）

改正：

(6) 柴油机在气缸内形成可燃混合气，而非直喷汽油机则是在气缸外形成可燃混合气。（ ）

改正：

(7) 柴油机喷油泵中的各分泵的结构和尺寸不相同。（ ）

改正：

(8) 柴油机正常工作时，输油泵的供油量总是大于喷油泵的需油量。（ ）

改正：

(9) 同一发动机上，各喷油器之间针阀是可以互换的。（ ）

改正：

(10) 目前柱塞式喷油泵上大多应用机械离心式供油提前角自动调节器。（ ）

改正：

5. 名词解释

(1) 柱塞行程
(2) 柱塞的有效行程
(3) 最佳供油提前角
(4) 柴油机"飞车"
(5) 两极式调速器

6. 问答题

(1) 简述柴油机燃料供给系统的作用。
(2) 简述柴油机燃料供给系统燃油的供给路线。
(3) 指出图 6.2 齿杆齿套式油量调节机构示意图中各序号的机件名称，并简述油量调节机构的作用和基本工作原理。
(4) 简述调速器的主要作用。
(5) 喷油器的作用是什么？根据混合气的形成与燃烧对喷油器有哪些要求？
(6) 孔式喷油器与轴针式喷油器特点上有何区别？
(7) 喷油器针阀上的承压锥面有什么作用？
(8) 喷油泵的功用是什么？柴油机对喷油泵有哪些要求？
(9) 出油阀中减压环带有何作用？并简述其工作原理。
(10) 试述柱塞式喷油泵的泵油原理。
(11) 柴油机选定最佳供油提前角的原因是什么？

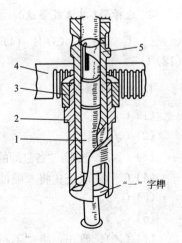

图 6.2 齿杆齿套式油量调节机构

6.2.2 习题详解

1. 填空题

(1) 压缩气体状态　燃油喷射规律　油气混合组织

(2) 十六烷值　十六烷值　越好

(3) 凝点

(4) 分隔式　直喷式

(5) 新鲜空气　汽油和空气的混合气

(6) 针阀偶件　柱塞偶件　出油阀偶件

(7) 分泵　油量调节机构　传动机构　泵体

(8) 定时　定量

(9) 孔式喷油器　轴针式喷油器

(10) 出油阀　出油阀座

(11) 压燃　点燃

(12) 调节拉杆　发动机转速

(13) 越大

(14) 发动机曲轴　喷油泵凸轮轴

(15) 零

(16) 两极式调速器　全程式调速器

(17) 负荷

(18) 偏心轮

(19) 空间雾化　油膜蒸发

2. 看图填空题

(1) 喷油器　(2) 燃油滤清器　(3) 直列柱塞式喷油泵　(4) 喷油提前器　(5) 输油泵　(6) 调速器　(7) 油水分离器　(8) 油箱　(9) 高压油管　(10) 回油管　(11) 低压油管

3. 选择题(单选或多选)

(1) C　(2) A　(3) B　(4) C　(5) B　(6) A　(7) B　(8) C　(9) C　(10) D　(11) B　(12) C

4. 判断改错题

(1) (√)。

(2) (√)。

(3) (×)。改正:"各缸间的供油量是不一致"改为"各缸之间的供油量必须是一致的"

(4) (×)。改正:将"喷油泵都供油"改为"喷油泵并不始终都供油"

(5) (√)。

(6) (√)。

(7) (×)。改正:将"不相同"改为"相同"

(8) (√)。

(9)（×）。改正："可以互换"改为"不可以互换"

(10)（√）。

5. 名词解释

(1) 柱塞行程：柱塞由上止点移动到下止点所经过的距离。

(2) 柱塞有效行程：柱塞顶面封闭柱塞套油孔到柱塞螺旋槽打开柱塞套油孔所对应的柱塞行程。

(3) 最佳供油提前角：在转速和供油量一定的条件下，能获得最大功率及最小燃油消耗率的喷油时刻。

(4) 柴油机"飞车"：柴油机的转速短时间内超过允许的最大极限转速，而失去控制的现象。

(5) 两极式调速器：在柴油机的最高转速和怠速时起到自动调节循环供油量的作用，而在其他任何转速调速器不起作用，由驾驶员控制柴油机转速的变化。

6. 问答题

(1) 答：柴油机燃料供给系的作用是储存、滤清柴油，并按柴油机不同的工况要求，以规定的工作顺序，定时、定量、定压并以一定的喷射规律向柴油机各缸供给高压燃油，使其与空气迅速而良好地混合并燃烧，最后将废气排入大气。

(2) 答：输送泵将柴油从燃油箱内吸出，经滤清器滤去杂质，进入喷油泵的低压油腔，喷油泵将燃油压力提高，经高压油管至喷油器喷入燃烧室。喷油器内针阀偶件间隙中漏泄的极少量燃油和喷油泵低压油腔中过量燃油，经回油管流回燃油箱。

(3) 答：1—柱塞；2—控制套筒；3—调节齿圈；4—调节齿杆；5—柱塞套筒。

柱塞下端的"一"字形标头，嵌入控制套筒相应的切槽中。套筒松套在柱塞套筒上，控制套筒上部固结着调节齿圈，调节齿圈与调节齿杆相啮合。当前后移动齿杆时，齿圈连同控制套筒带动柱塞相对固定的柱塞套筒转动，改变柱塞的有效行程，使供油量改变。

(4) 答：调速器的作用是随发动机负荷的变化，自动调节喷油泵循环供油量，稳定柴油机工作转速，防止高速"飞车"和低速或怠速不稳。

(5) 答：喷油器的作用是将柴油雾化成易于着火和燃烧的油雾，并使喷雾和燃烧室大小、形状相配合，利于燃油喷雾分布到燃烧室各处。根据混合气的形成与燃烧对喷油器的要求有：具有一定的喷射压力和射程；具有合适的喷射锥角；停止喷油时，不发生滴漏现象。

(6) 答：孔式喷油器用于直喷式燃烧室的柴油机上，喷油器的喷嘴头部加工有一个或多个喷孔，喷孔数目一般为1～12个，喷孔直径为0.2～0.5mm，对柴油的雾化作用强，但易堵塞。轴针式喷油器在针阀下端(密封锥面以下)，有一个倒锥形或圆柱形的轴针，使喷孔成为圆环状狭缝，与分隔式燃烧室相配合使用，喷油压力较低，由于喷孔大，并且轴针上下移动，所以喷孔不易积炭，能自动清除积炭。

(7) 答：喷油器针阀上承压锥面的作用是承受高压油腔中油压的作用，使针阀产生向上的轴向推力，克服调压弹簧的预紧力及针阀与针阀体间的摩擦力，使喷油器实现喷油。

(8) 答：喷油泵的功用是定时、定量地向喷油器输送高压柴油。对于多缸柴油机，要求喷油泵各缸供油次序应与发动机发火次序相符合；对各缸供油量应均匀；各缸供油提前角应一致；停止供油应当迅速，以防喷油器滴油。

(9) 答：出油阀中减压环带的作用是当喷油泵停止供油后，迅速降低高压油管中的燃油压力，使喷油器立即停止喷油，不产生滴漏现象。其工作原理为：在出油阀被高压柴油顶起的过程中，当减压环带离开阀座的导向孔时，高压柴油才进入高压油管中，此时出油阀上方的空间被减压环带及部分密封锥面的实体占去一部分空间，当出油阀落座后，上部空间容积增大，高压油管压力迅速降低，喷油立即停止，并且不产生滴漏现象。

(10) 答：柱塞式喷油泵的泵油过程可分为吸油过程、泵油过程、回油过程三个阶段。吸油过程中，喷油泵的柱塞是由凸轮轴的凸轮驱动的。随着凸轮轴的旋转，当凸轮的凸起部分离开柱塞时，柱塞在柱塞弹簧的作用下下移，油腔容积增大，压力减小；当柱塞套上的径向进油孔露出时，低压油腔中的燃油便顺着进油孔流入泵腔。泵油过程中，随着凸轮轴的旋转，当凸轮的凸起部分将柱塞顶起时，泵腔内的容积减小，压力增大，燃油顺着柱塞套上的径向油孔流回低压油腔；当柱塞上行到将柱塞套上的径向油孔完全堵上时，泵腔上的压力迅速增加；当此压力克服出油阀弹簧的预紧力时，出油阀上移；当出油阀上的减压环带离开阀座时，高压柴油便泵到高压油管中，经喷油器喷入气缸中。回油过程中，随着柱塞的继续上移，当柱塞上的斜槽与柱塞套上的径向油孔相通时，泵腔中的燃油便通过柱塞上的轴向油道、斜油道及柱塞套上的油孔流回到低压油腔，泵油停止。

(11) 答：供油提前角对柴油机燃烧过程影响很大，供油提前角过大或过小，都将使柴油机的动力性和经济性恶化。当转速和供油量一定的条件下，能获得最大功率及最小燃油消耗率的喷油时刻称为最佳供油提前角。因此为保证发动机有良好的性能，必须选定最佳供油提前角。

第 7 章
电控柴油喷射系统

7.1 学习指导

7.1.1 本章基本内容与要点

本章基本内容：柴油机电控系统的基本组成与分类；脉动式电控喷油系统的基本组成与工作原理；脉动时间控制式喷油系统的基本组成与工作原理；共轨式喷油系统的基本组成与工作原理。

本章要点：柴油机电控系统的基本组成与分类；脉动式电控喷油系统中分配式喷油泵的基本控制原理和方法；共轨式喷油系统的优点、组成和控制原理。

7.1.2 名词术语

1. 脉动式电控喷油系统：脉动式喷油系统中的直列泵或分配泵，其油量及供油规律控制靠柱塞螺旋槽（分配式为油量控制套筒）、机械调速器和油泵凸轮，喷油定时靠机械式喷油提前器（分配式为液压自动提前器），它们的供油方式都是脉动的，将这类喷油系统电控化，脉动的方式不改变，称为脉动式电控喷油系统。

2. 脉动时间控制式喷油系统：主要指电控泵喷嘴系统和单体泵系统，它们仍保持传统的柱塞往复运动脉动供油方式，但由电磁溢流阀开、闭时间和时刻来控制供油量和定时。

3. 共轨式喷油系统：不再采用柱塞脉动供油原理，而是由公共油道（共轨）或蓄压室向各喷油提前器提供所需的高压燃油，可随工况而变化实时控制共轨上的高速电磁阀调节喷射压力。

7.1.3 分类、组成及基本工作原理

1. 系统的基本组成与分类

按照柴油机喷射系统的发展变化，可以分为传统的机-液喷油系统和电子控制系统。

柴油机电控喷油系统由传感器、电控单元（ECU）和执行器组成。

根据不同的控制方式，分为脉动式电控喷油系统、脉动时间控制式喷油系统和共轨式喷油系统三种。脉动式电控喷油系统主要有电控直列泵和电控分配泵等，为位置控制方式；脉动+时间控制式喷油系统主要有电控泵喷嘴系统和电控单体泵系统，为时间控制方式；共轨式喷油系统不再应用柱塞脉动供油原理，且具备较高的喷射压力。

2. 脉动式电控喷油系统

1）电控直列泵

电控直列泵一般由供油齿杆、比例电磁铁、油泵凸轮轴、转速传感器和电控单元组成。它是在原直列喷油泵基础上装有齿杆位移传感器、凸轮轴或曲轴的转角位移及转速传感器、线性电磁铁的执行器、电控单元等组成控制系统，对喷油量进行调节。喷油量的计算按位置控制方式，根据加速踏板位置、转速等输入信息，以柱塞的有效行程（即供油齿杆的位置）来确定。

2）电控分配泵

电控分配泵用电控装置取代机械调速器和提前器，对 VE 分配泵供油量调节套筒的位置以及液压提前期进行低频连续调节，以实现油量和定时的控制。

供油量的控制方法：ECU 根据加速踏板和柴油机转速传感器的输入信号，首先计算出基本供油量；然后根据来自冷却液温度、进气温度和进气压力等传感器信号及起动信号，对基本供油量进行修正；再按供油量调节套筒位置传感器信号进行反馈修正之后，确定最佳供油量。

供油定时控制方法：ECU 首先根据加速踏板和柴油机转速传感器的输入信号，初步确定一个供油时刻，然后再根据进气压力、冷却温度等传感器信号和起动信号进行修正；喷油提前器的活塞位置传感器的信号反馈给 ECU 以实行反馈控制；ECU 根据最后确定的供油时刻，对供油定时控制阀进行控制，进而控制喷油提前器活塞，以控制供油时刻。

3. 脉动时间控制式喷油系统

时间控制式喷油系统实现了对喷油率的柔性控制，对于改善柴油机的性能具有十分重要的意义。时间控制式柱塞泵脉动喷油系统仍保持传统的柱塞往复运动脉动供油方式，利用安装在高压油路中的高速、强力电磁溢流阀来直接控制喷油始点和喷油量，柱塞只起加压、供油作用，没有油量调节功能。取消了专用于调节油量和定时的机构，如调速器、提前器、供油调节杆、柱塞斜槽乃至出油阀组件等。

电控泵喷嘴系统和电控单体泵系统是目前已使用的两种时间控制式柱塞泵脉动喷油系统。它们均为"时间-压力"计量方式，其工作原理类似，也具有相同的控制效果。电控泵喷嘴喷油系统由柱塞、电磁溢流阀、旁通油路、柱塞腔、高压油路、喷油器等组成。电控单体泵系统主要由驱动凸轮轴、柱塞、柱塞腔、电磁溢流阀、高压油路、喷油器等组成。

4. 共轨式喷油系统

共轨式喷油系统不再应用柱塞脉动供油原理，而是先将柴油以高压状态蓄积在被称为共轨的容器中，然后利用电磁三通阀将共轨中的压力油引导至喷油器中完成喷射任务。利用安装在高压油路中的高速、强力电磁溢流阀来直接控制喷油始点和喷油量，通过实时变更电磁阀升程和改变高压油路中的油压来实现喷油率、喷油压力的控制。共轨中蓄积的与喷油压力相同的柴油直接进入喷嘴开启针阀进行喷射。

共轨式喷油系统由电控单元(ECU)、高压油泵、共轨管、电控喷油器以及其他传感器和执行器等组成。

1) 高压油泵

高压油泵的作用是满足任何工况下柴油机的喷油量与控制油量之和的需求以及起动和加速时油量变化的需求,一般由压油凸轮、挺柱体、柱塞、柱塞套、电磁阀、出油阀、溢流阀等组成。

2) 共轨管

共轨管将高压油泵提供的高压燃油分配到各喷油器中,起到蓄压的作用。高压共轨管的容积和形状应与确定的柴油机匹配。共轨管上还安装有压力传感器和压力控制阀,以保证不同工况下所要求的共轨管油压。

3) 电控喷油器

电控喷油器是共轨喷油系统中最关键和最复杂的部件,作用是根据 ECU 发出的控制信号,通过控制电磁阀的开启和关闭,将高压油轨中的燃油以最佳的喷油定时、喷油量和喷油率喷入发动机。

电控喷油器一般由喷油嘴、液压控制活塞、控制量孔、控制电磁阀等组成。

7.2 习题与习题详解

7.2.1 本章习题

1. 填空题

(1) 柴油机电控喷油系统根据不同的控制方式,分为_____、_____和_____三种。

(2) 高压共轨控制系统由_____、_____和_____组成。

(3) 高压共轨喷油系统由_____、_____和_____组成。

(4) 传统的柴油机喷油泵-高压油管-喷油嘴系统中,喷油压力与发动机的转速和负荷_____,而高压共轨系统中,喷油压力与发动机的转速和负荷_____。

(5) 电控直列泵和电控分配泵属于_____电控喷油系统。

(6) 电控泵喷嘴系统和电控单体泵系统属于_____喷油系统。

(7) 高压共轨管可削减_____的供油压力波动和_____喷油过程引起的压力振荡。

(8) 电控喷油器能实现_____、_____和_____三种喷油率形状。

2. 判断改错题

(1) 时间控制式柱塞泵脉动喷油系统中,柱塞副可起到油量调节作用。(   )

改正:

(2) 高压喷射改善了进气和燃油的混合及燃烧过程,降低了柴油机的排放。(   )

改正:

(3) 预喷射可实现在点火延时期喷射的燃油少,能回避急剧的燃烧压力,降低噪声。
(   )

改正:

(4) 采用共轨方式供油,喷油系统压力波动小,各喷油嘴间相互影响小,喷射压力控制精度较高,喷油量控制较准确。(   )

改正:

3. 名词解释

(1) 脉动式电控喷油系统
(2) 脉动时间控制式喷油系统
(3) 共轨式喷油系统

4. 问答题

(1) 高压共轨燃油系统的组成及原理是什么?它与传统柴油机相比有哪些优点?
(2) 柴油机电子管理中心的功能有哪些?

7.2.2 习题详解

1. 填空题

(1) 脉动式 脉动+时间控制式 共轨式
(2) 传感器 电控单元 执行器
(3) 高压油泵 共轨管 电控喷油器
(4) 有关 无关
(5) 脉动式
(6) 脉动+时间控制式
(7) 油泵 喷油器
(8) 三角形 引导喷射(或预喷射) 靴形

2. 判断改错题

(1)(×)。改正:"可起到"改为"不起"
(2)(√)。
(3)(√)。
(4)(√)。

3. 名词解释

(1) 脉动式电控喷油系统:脉动式喷油系统中的直列泵或分配泵,其油量及供油规律控制靠柱塞螺旋槽(分配式为油量控制套筒)、机械调速器和油泵凸轮,喷油定时靠机械式喷油提前器(分配式为液压自动提前器),它们的供油方式都是脉动的,将这类喷油系统电控化,脉动的方式不改变,称为脉动式电控喷油系统。

(2) 脉动时间控制式喷油系统:主要指电控泵喷嘴系统和单体泵系统,它们仍保持传统的柱塞往复运动脉动供油方式,但由电磁溢流阀开、闭时间和时刻来控制供油量和定时。

(3) 共轨式喷油系统：不再采用柱塞脉动供油原理，而是由公共油道（共轨）或蓄压室向各喷油提前器提供所需的高压燃油，可随工况而变化实时控制共轨上的高速电磁阀调节喷射压力。

4. 问答题

(1) 答：高压共轨燃油系统由：高压油泵、共轨管、电控喷油器组成。

工作原理：柴油以高压状态蓄积在共轨容器中，然后利用三通阀将共轨管中的压力油引到喷射器中完成喷射任务。利用安装在高压油路中的高速、强力电磁溢流阀来直接控制喷油始点和喷油量，通过变更电磁阀升程和改变高压油路中的油压来实现喷油率和喷油压力的控制。

高压共轨燃油系统的优点如下：

① 共轨系统中的喷油压力柔性可调，对不同工况可确定所需的最佳喷射压力，从而优化了柴油机的综合性能；

② 可独立地柔性控制喷油正时，配合高的喷射压力，可同时控制氮氧化物和微粒在较小的数值内，以满足排放要求；

③ 柔性控制喷油速率变化，实现理想喷油规律，容易实现预喷射和多次喷射，既可降低柴油机噪声和氮氧化物排放，又能保证优良的动力性和经济性；

④ 由电磁阀控制喷油，其控制精度较高，高压油路中不会出现气泡和残压为零的现象，因此在柴油机运转范围内，循环喷油量变动小，各缸供油不均匀可得到改善，从而减轻柴油机的振动和降低排放；

⑤ 能分缸调控并且响应快；具有极好的燃油密封性，高压燃油泄漏量小，降低了驱动燃油泵的功率损失；具有很好的可安装性。

(2) 答：柴油机电子管理中心的功能如下：

① 目标喷油量控制：可按要求来设计任何模式的油量调速曲线，以及包括起动加浓、转矩校正在内的"校正外特性"曲线；

② 目标喷油定时控制：根据排放、油耗、功率和其他性能指标等多方面的综合要求来确定各工况所需的最优化定时值；

③ 油量及喷油定时的补偿控制：根据环境状态及某些运行状态参数的变化对目标喷油量和定时进行补偿控制；

④ 冷起动及怠速稳定性控制：冷起动优良和定时都由起动转速、加速踏板位置以及冷却液温度、燃油温度共同决定，并按一定程序实现冷起动-暖机-怠速的全过程；

⑤ 过渡性能与烟度控制：通过对过渡过程中优良和定时的综合补偿来满足最佳过渡性能和降低烟度的要求；

⑥ 喷油规律与喷油压力的控制：可以通过控制电磁阀升程和调节共轨腔中的压力达到控制喷油率、喷油压力和预喷射量的目的。

第8章 进、排气系统及排气净化装置

8.1 学习指导

8.1.1 本章基本内容与要点

本章基本内容：发动机进、排气系统的功用、类型、组成及工作原理；发动机增压的功用、类型及增压器结构组成及工作原理；几种发动机外部排气净化装置的功用、组成和工作原理。

本章要点：发动机进、排气系统主要部件的结构和工作原理；涡轮增压系统

8.1.2 名词术语

1. 进气波动效应：利用一定长度和直径的进气支管与一定容积的谐振室组成谐振进气系统，并使其固有频率与气门的进气周期谐调，在特定的转速下，使进气支管的压力增高，从而增加进气量，这种效应称作进气波动效应。

2. 增压技术：将空气预先压缩然后再供入发动机气缸，以提高空气的密度、增加进气量的一项技术。

3. 废气涡轮增压：利用废气的能量推动涡轮、带动压气机向发动机提供压力高、密度大的新鲜充量，从而提高发动机功率及转矩。

4. 催化转换器(TWC)：利用催化剂的作用将排气中的 CO、HC 和 NO_x 转化为对人体无害的气体的一种排气净化装置。

5. 废气再循环(EGR)：净化排气中 NO_x 的主要方法，通过把发动机排出的部分废气回送到进气支管，并与新鲜混合气一起再次进入气缸，废气中的 CO_2 使得燃烧温度降低，从而减少 NO_x 的排放。

6. 强制式曲轴箱通风系统(PCV)：防止曲轴箱中的有害气体排放到大气中的一种外部排气净化装置。

7. 二次空气喷射(SAI)：利用空气泵将新鲜空气经空气喷管喷入排气道或催化转化器，使排气中的 CO 和 HC 进一步氧化或燃烧为 CO_2 和 H_2O。

8.1.3 分类、组成及基本工作原理

发动机进、排气系统的功用是供给发动机新鲜空气，并将发动机燃烧后的废气排至大气。柴油机和汽油机由于使用燃料的性质不同、供油方式不同导致进气系统的结构形式不同，但两者的排气系统基本相同。

1. 进气系统

进气系统主要包括空气滤清器和进气支管。在化油器式和节气门体汽油喷射式发动机上通常还装有进气预热装置。为了增进进气效果，有的进气系统还装有谐振器。在汽油喷射式发动机的进气系统中还包括空气流量计。

1) 空气滤清器

空气滤清器的功用是滤除空气中的杂质和灰尘，也有消减进气噪声的作用，一般由进气导流管、空气滤清器盖、空气滤清器外壳和滤芯等组成。空气滤清器常用的结构形式有纸滤芯式、油浴式、离心式及复合式等几种。

2) 进气支管

对于化油器式或节气门体汽油喷射式发动机，进气支管是指化油器或节气门体之后到气缸盖进气道之前的进气管路，它的功用是将空气、燃油混合气从化油器或节气门体分配到各缸进气道。对于气道燃油喷射式发动机或柴油机，进气支管只是将洁净的空气分配到各缸。

为了增进进气效果，有的进气系统具有谐振进气系统。它是利用发动机的进气脉动，使进入发动机的空气在进气门开启时的压力为正压，实现"气体动力增压"，提高发动机的进气量，进而改善发动机的动力性。

为了充分利用进气波动效应和尽量缩小发动机在高、低速运转时进气速度的差别，从而达到改善发动机经济性及动力性，特别是改善中、低速和中、小负荷时的经济性和动力性的目的，要求发动机在中、低速时配用细而长的进气支管，在高速时配用短而粗的进气支管，可变进气支管就是为适应这种要求而设计的。如有的发动机进气支管可根据发动机转速和负荷的变化而自动改变有效长度，有的进气支管为具有一长一短的双通道可变进气支管。

2. 排气系统

排气系统由排气支管、总管和安装在总管上的消声器组成。

排气支管现代多用不锈钢制造，质量轻、耐久性好，同时内壁光滑，排气阻力小，为了充分利用惯性排气，并排除干扰，排气支管应做得尽可能长，且相互独立。

在直列式多缸发动机上，一般使用单排气系统。V 型发动机上有两个排气支管，在大多数 V 型发动机上仍采用单排气系统，通过一个叉形管将两个排气支管连接到一个排气总管上。有些 V 型发动机则采用双排气系统。

消声器的作用是减少排气噪声和消除废气中的火焰及火星，消耗废气流的能量，并平衡气流的压力波。具体方法是多次变动气流方向，使气流重复通过收缩又扩张的断面，将

气流分割为许多小支流,并沿着不平滑的平面流动,将气流冷却。

3. 发动机增压

增压就是将空气预先压缩然后再供入气缸,以期提高空气密度、增加进气量的一项技术。通过增压提高了新鲜空气或混合气的压力及密度,因此可以提高功率及转矩,降低比油耗。汽车发动机的增压有涡轮增压、机械增压和气波增压三种基本类型。

在涡轮增压中,废气涡轮增压可利用排气能量推动压气机进行增压,明显地提高发动机的动力性。涡轮增压系统可分为单涡轮增压系统和双涡轮增压系统,即分别有一个或两个涡轮增压器。涡轮增压器由离心式压气机和径流式涡轮机及中间体三部分组成。涡轮增压系统压力的调节可通过进、排气旁通阀来进行控制。

4. 排气净化装置

常见的发动机外部排气净化装置有恒温进气系统、二次空气喷射系统、催化转化器、废气再循环系统、强制式曲轴箱通风系统及汽油蒸发控制系统等。

8.2 习题与习题详解

8.2.1 本章习题

1. 填空题

(1) 发动机进气系统主要包括_____和_____。

(2) 空气滤清器一般由_____、_____、_____和____等组成。

(3) 空气滤清器的结构形式有_____式空气滤清器、_____式空气滤清器和_____式空气滤清器等。

(4) 可变进气系统要求发动机在中、低速时配用的进气支管_____,而高速时配用的进气支管_____。

(5) V型发动机有____个排气支管。

(6) 排气消声器的作用是减少排气_____和消除废气中的_____。

(7) 汽车发动机增压有_____、_____和_____三种基本类型。

(8) 车用涡轮增压器由_____、_____和中间体三部分组成。

(9) 曲轴箱的通风方式有_____和_____两种方式。

2. 选择题(单选或多选)

(1) 曲轴箱通风的目的主要是( )。

  A. 排出水和汽油

  B. 排出漏入曲轴箱内的可燃混合气与废气

  C. 冷却润滑油

  D. 向曲轴箱供给氧气

(2) 单向流量控制阀的作用是( )。

  A. 防止怠速时混合气被吸入曲轴箱内

B. 防止高速时混合气被吸入曲轴箱内
C. 防止怠速时机油被吸入气缸
D. 防止怠速时曲轴箱内气体吸入气缸冲淡混合气

(3) 废气再循环(EGR)是净化排气中的(　　)。
A. CO　　　　B. CO_2　　　　C. HC　　　　D. NO_x

3. 判断改错题

(1) 为增加发动机的谐振进气效果,并保证空气滤清器进气导流管内的空气流速,导流管需要做得很长。(　　)
改正:
(2) 汽车排放物污染中CO、HC和NO_x是主要的污染物质,而CO所占比例最大。(　　)
改正:
(3) V型发动机只能采用双排气系统。(　　)
改正:
(4) 恒温进气系统的作用是在发动机冷起动之后,向发动机供给热空气,促使汽油充分汽化和燃烧,从而减少了NO_x和HC的排放。(　　)
改正:
(5) 对车用柴油机排气微粒的处理,主要采用过滤法,其中微粒过滤器主要采用多孔陶瓷制造。(　　)
改正:

4. 名词解释

(1) 进气波动效应
(2) 废气涡轮增压
(3) 催化转化器
(4) 二次空气喷射(SAI)

5. 问答题

(1) 进、排气支管的布置有几种形式?特点是什么?
(2) 试述废气涡轮增压器的工作原理。
(3) 在什么情况下不进行废气再循环?

8.2.2 习题详解

1. 填空题

(1) 空气滤清器　进气支管
(2) 进气导流管　空气滤清器盖　空气滤清器外壳　滤芯
(3) 纸滤芯　油浴　离心及复合
(4) 细而长　短而粗
(5) 两
(6) 噪声　火焰及火星

(7) 涡轮增压　机械增压　气波增压

(8) 离心式压气机　径流式涡轮机

(9) 自然通风　强制通风

2. 选择题（单选或多选）

(1) B　(2) D　(3) D

3. 判断改错题

(1) (√)。

(2) (√)。

(3) (×)。改正："只能"改为"可以"

(4) (×)。改正："NO_x"改为"CO"

(5) (√)。

4. 名词解释

(1) 进气波动效应：利用一定长度和直径的进气支管与一定容积的谐振室组成谐振进气系统，并使其固有频率与气门的进气周期谐调，在特定的转速下，使进气支管的压力增高，从而增加进气量，这种效应称作进气波动效应。

(2) 废气涡轮增压：利用发动机排出的废气来驱动涡轮机进而拖动压气机以提高进气压力，增加充气量的方法。

(3) 催化转化器：利用催化剂的作用将排气中的CO、HC和NO_x转化为对人体无害的气体的一种排气进化装置。

(4) 二次空气喷射(SAI)：利用空气泵将新鲜空气经空气喷管喷入排气道或催化转化器，使排气中的CO和HC进一步氧化或燃烧为CO_2和H_2O。

5. 问答题

(1) 答：进、排气管的布置形式有多种排列方法：第一种是每一对相邻两缸共用一条进气管，这样可以使其制造简化；而每缸使用单独的排气管，这样有利于排气的散热，以降低排气管附近的温度。第二种是部分气缸使用单独的进气管。第三种是每缸都单独使用一条进气管，这样可以减弱相互之间的影响，有利于改善混合气分配的均匀性。有的发动机将进、排气管分装在两侧，以避免热机时废气对进气管加热，以提高进气量，改善发动机动力性。

(2) 答：将排气管接到增压器的涡轮壳上，柴油机排出的具有一定压力的高温废气经涡轮可进入喷嘴环，由于喷嘴环的通道面积做成由大到小，因而废气的压力和温度下降，而速度却迅速提高。这个高温高速的废气涡流，按一定方向冲击涡轮，使涡轮高速旋转。这时与涡轮固装在同一根转子轴上的压气机叶轮也以同一速度旋转，将经滤清器滤过的空气吸入压气机壳。高速旋转的压气机叶轮把空气甩向叶轮的边缘，使其速度和压力增加，并进入形状做成进口小、出口大的扩压器，因此气流的速度下降压力升高。再通过断面自小到大的环形压气机壳，使空气压力继续升高。高压空气流经柴油机进气管进入气缸与更多的柴油混合燃烧，以保证发动机发出更大的功率。

(3) 答：在发动机暖机或急速时，NO_x的生成量不多，为保持发动机运转的稳定性，不进行废气再循环。在全负荷或高转速下，为使发动机有足够的动力性，也不进行废气再循环。

第 9 章 冷却系统与润滑系统

9.1 学习指导

9.1.1 本章基本内容与要点

本章基本内容：冷却系统的功用、分类、组成及主要部件的结构和工作原理；润滑系统的功用、润滑方式、组成及主要部件的结构和工作原理。

本章要点：强制循环式水冷系统的组成及冷却液的循环路径；冷却强度调节装置的工作原理。润滑系统中润滑油的工作路径。

9.1.2 名词术语

1. 强制循环式水冷系统：用水泵强制使水（或冷却液）在冷却系统中进行循环流动的冷却系统。
2. 大循环：发动机在正常热状态情况下时（温度高于80℃），节温器开启，冷却液全部流经散热器，形成大循环。
3. 压力润滑：通过机油泵，使机油产生一定的压力来润滑零件摩擦表面的润滑方式。
4. 全流式滤清器：与主油道串联的滤清器。

9.1.3 分类、组成及基本工作原理

1. 冷却系统的功用与分类

发动机冷却系统的功用是使发动机在所有工况下都保持在适当的温度范围内。水冷发动机气缸体水套中适宜的温度为 80～90℃，风冷式为 150～180℃。

发动机所采用的冷却方式分为水冷式和风冷式两种。以冷却液为冷却介质冷却发动机的高温零件，然后再将热量传给空气的冷却系统称为水冷系统；以空气为冷却介质的冷却系统称为风冷系统。

水冷式发动机冷却系统分为强制循环式和自然循环式两种。在水冷系统中，不设水泵，仅利用冷却液的密度随温度而变化的性质，产生自然对流来实现冷却液循环的水冷却系统，称为自然循环式水冷却系统；反之称为强制循环式水冷却系统。

2. 水冷系统组成及原理

水冷式发动机冷却系统由散热器、风扇、节温器、水泵、冷却水套、分水管、机油冷却器等组成。

1) 散热器

散热器是将冷却液所携带的热量散入大气，以降低冷却液温度。散热器的主要组成由上储水室、下储水室及散热器芯三部分组成，冷却液在散热器芯内流动，空气在散热器芯外通过。

2) 风扇

风扇的功用是增大流经散热器芯部的流速，以增强散热器的散热能力，加速冷却液的冷却。

3) 水泵

水泵的功用是对冷却液加压，由曲轴带轮通过三角皮带驱动，利用发电机带轮作为张紧轮。

4) 冷却强度调节装置

冷却强度调节装置可以通过改变流经散热器的冷却液流量和改变空气流量的方法加以调节。前者通过节温器实现调节功能，后者则是通过散热器前端的百叶窗和利用风扇离合器控制风扇的转速来实现。

节温器常见的有折叠式和蜡式两种。通过节温器的开闭可以实现冷却液的大、小循环。当冷却液温度高于80℃时，开启大循环。当冷却液温度低于于70℃时，冷却液只在水套与水泵之间进行小循环。当冷却液温度在70~80℃时，冷却液同时进行大、小循环。

百叶窗一般装在散热器前面。当冷却液温度较低时，可将百叶窗关闭，以减少经过散热器的空气流量，使冷却液温度回升。风扇离合器常用硅油风扇离合器，是一种以硅油为传递转矩的介质，利用散热器后面的气流温度来控制硅油风扇离合器。

5) 冷却液

冷却液是水与防冻剂的混合物。冷却水最好使用软水，如雨水、雪水、自来水等，否则在发动机水套中容易产生水垢，使传热效率下降，造成发动机过热。

3. 风冷系统

风冷系统利用空气流过气缸盖和气缸体的外表面，将热量直接散到大气中去，以保证发动机在最有利的温度范围内工作。风冷系统主要由散热片、风扇、导风罩和导流板等组成。

发动机最热部分是气缸盖，为了加强冷却，现代风冷发动机气缸盖都用导热性良好的铝合金铸造，由于风冷发动机表面空气通道阻力较水冷系统大，因此风冷系统中的风扇要求有较高的压力。

4. 润滑系统的功用

润滑系统的功用是在发动机工作时连续不断地将数量足够且温度适当的洁净润滑油输送到运动零件的摩擦表面，并在摩擦表面之间形成油膜，形成液体摩擦使摩擦阻力减小、功率消耗降低，以提高发动机的可靠性和耐久性。

5. 润滑系统的组成

润滑系统主要由机油泵、机油滤清器、机油散热器、油底壳和集滤器等部件组成。此外润滑系统还装有各种压力阀，以及润滑油压力表、温度表等。

1）机油泵

机油泵提供足够高的压力，以保证进行压力润滑和润滑油在润滑系统内能循环流动。常用的机油泵有齿轮式和转子式两种。

2）机油滤清器

机油滤清器用来滤除润滑油中的金属磨削、机械杂质和润滑油氧化物。它包括机油粗滤器和机油细滤器。

3）机油散热器

机油散热器用来对润滑油进行强制冷却，以保持润滑油在适宜的温度范围内工作。机油散热器分为水冷式和风冷式。

4）油底壳

油底壳是存储润滑油的容器。

5）集滤器

集滤器用来滤除润滑油中粗大的杂质，防止杂质进入机油泵。

6. 润滑系统的润滑方式

根据发动机中各运动副不同的工作条件，可采用三种润滑方式：压力润滑、飞溅润滑和润滑脂润滑。曲轴主轴承、连杆轴承及凸轮轴轴承等承受负荷较大的摩擦表面采用压力润滑。飞溅润滑主要用来润滑负荷较小的气缸壁面和配气机构的凸轮、挺柱、气门杆及摇臂等零件的工作表面。润滑脂润滑主要用于负荷小、摩擦力不大，且露于发动机体外的一些附件的润滑面上，如水泵、发电机、起动机等部件轴承的润滑。

7. 润滑系统的油路

以直列六缸发动机为例，发动机曲轴的主轴承、连杆轴承及凸轮轴轴承、摇臂轴等采用压力润滑；活塞、活塞环、活塞销、气缸壁、气门等采用飞溅润滑。发动机工作时，机油泵将油底壳中的润滑油经集滤器过滤后吸入，形成一定压力后向机油滤清器供油，之后进入主油道。主油道的润滑油通过几条分油道分别润滑主轴颈，再经曲轴上的斜油道从主轴颈流向连杆轴颈润滑曲柄销。主油道的另几条分油道直通凸轮轴轴承，润滑凸轮轴轴颈。同时润滑油从凸轮轴的第一轴颈处，经上油道润滑摇臂，润滑油滴落在配气机构其他零件的工作表面上。

9.2 习题与习题详解

9.2.1 本章习题

1．填空题

（1）发动机冷却方式有_____和_____两种。

(2) 发动机冷却水在水套中的适宜工作温度是_____℃。
(3) 水冷式发动机冷却系统分为_____和_____两种。
(4) 强制冷却水在发动机内进行循环的装置是_____。
(5) 水冷式发动机冷却强度调节装置主要有_____、_____和_____等。
(6) 散热器芯的结构形式有_____和_____两种。
(7) 闭式水冷系统散热器盖上一般装有_____阀和_____阀。
(8) 冷却系统中大、小循环主要由_____来控制。
(9) 发动机润滑系主要有_____、_____、_____、_____等作用。
(10) 润滑系统中三种润滑方式分别为_____、_____、_____。
(11) 在发动机润滑系中,上置凸轮轴轴颈采用_____润滑。
(12) 发动机的曲柄连杆机构采用_____和_____相结合的润滑方式。
(13) 机油细滤器有_____和_____两种类型。

2. 选择题(单选或多选)

(1) 硅油式风扇离合器的感温元件是( )。
　　A. 硅油　　　　B. 电子开关　　　C. 离合器壳体　　D. 双金属片
(2) 当发动机机体的温度超过90℃时,冷却水( )。
　　A. 全部进行小循环　　　　　　　B. 全部进行大循环
　　C. 大、小循环同时进行　　　　　D. 不一定
(3) 蜡式节温器中使阀门开闭的部件是( )。
　　A. 阀座　　　　B. 石蜡感应体　　C. 支架　　　　　D. 弹簧
(4) 冷却系统中提高冷却液沸点的装置是( )。
　　A. 散热器盖　　B. 散热器　　　　C. 水套　　　　　D. 水泵
(5) 活塞与气缸壁之间的润滑方式是( )。
　　A. 压力润滑　　　　　　　　　　B. 飞溅润滑
　　C. 脂润滑　　　　　　　　　　　D. 压力润滑和飞溅润滑同时进行
(6) 发动机润滑系中润滑油的正常油温为( )。
　　A. 40～50℃　　B. 50～70℃　　　C. 70～90℃　　　D. 100℃
(7) 机油细滤器上设置低压限制阀的作用是( )。
　　A. 机油泵出油压力高于一定值时,关闭通往细滤器油道
　　B. 机油泵出油压力低于一定值时,关闭通往细滤器油道
　　C. 使进入机油细滤器的机油保证较高压力
　　D. 使进入机油细滤器的机油保持较低压力
(8) 机油泵常用的形式有( )。
　　A. 齿轮式与膜片式　　　　　　　B. 转子式和活塞式
　　C. 齿轮式与转子式　　　　　　　D. 柱塞式与膜片式

3. 判断改错题

(1) 发动机在使用中,冷却液的温度在所有工况下越低越好。( )
改正:
(2) 发动机的风扇与水泵同轴,是由凸轮轴来驱动的。( )

改正：

(3) 采用具有空气-蒸气阀的散热器盖后，冷却液的工作温度可以提高至 100℃ 以上而不"开锅"。（   ）

改正：

(4) 蜡式节温器失效后，发动机易出现过热现象。（   ）

改正：

(5) 润滑油路中的机油压力不能过高，所以润滑油路中用旁通阀来限制油压。（   ）

改正：

(6) 由于机油粗滤器串联于主油道中，所以一旦粗滤器堵塞，则主油道中的压力会有所下降，限压阀打开，机油直接经旁通阀进入主油道，保证发动机的正常润滑。（   ）

改正：

(7) 与主油道串联的机油滤清器称为分流式滤清器。（   ）

改正：

4. 名词解释

(1) 强制循环式水冷系统

(2) 压力润滑

(3) 全流式滤清器

5. 问答题

(1) 发动机冷却系统和润滑系统的作用分别是什么？

(2) 冷却过度和冷却不足各对发动机有何影响？

(3) 冷却系统中节温器的作用是什么？什么是大循环？什么是小循环？

(4) 汽车发动机冷却系统采用电动风扇的优点有哪些？

(5) 简述蜡式节温器的工作原理。

(6) 风冷却系统由哪些装置组成？

(7) 发动机润滑系统是由哪些装置组成的？有几种润滑方式？

(8) 润滑油路中如不装限压阀会引起什么后果？

(9) 试分析发动机机油压力过低的原因。

9.2.2 习题详解

1. 填空题

(1) 风冷 水冷

(2) 80～90

(3) 强制循环 自然循环

(4) 水泵

(5) 百叶窗 节温器 风扇离合器

(6) 管片式 管带式

(7) 空气阀 蒸气阀

(8) 节温器

(9) 润滑　清洗　冷却　密封

(10) 压力　飞溅　润滑脂

(11) 压力

(12) 压力润滑　飞溅润滑

(13) 过滤式　离心式

2. 选择题(单选或多选)

(1) D　(2) B　(3) B　(4) A　(5) B　(6) C　(7) B　(8) C

3. 判断改错题

(1) (×)。改正："越低越好"改为"保持在适当范围内"

(2) (×)。改正："凸轮轴"改为"曲轴"

(3) (√)。

(4) (√)。

(5) (×)。"旁通阀"改为"限压阀"

(6) (×)。"限压阀"改为"旁通阀"

(7) (×)。"分流式"改为"全流式"

4. 名词解释

(1) 强制循环式水冷系统：用水泵强制使水(或冷却液)在冷却系统中进行循环流动的冷却系统。

(2) 压力润滑：通过机油泵，使机油产生一定的压力来润滑零件摩擦表面的润滑方式。

(3) 全流式滤清器：与主油道串联的滤清器。

5. 问答题

(1) 答：发动机冷却系统的作用是使工作中的发动机得到适度的冷却，并保持发动机在最适宜的温度范围内工作。润滑系统的作用是把过滤后的机油不断供给到各个零件的摩擦表面，减小摩擦和磨损，清除摩擦表面上的磨屑和杂质，冷却摩擦表面；油膜还可提高气缸的密封性，同时防止零件生锈。

(2) 答：如果发动机冷却不足会造成：发动机的充气效率下降，燃烧不正常使得发动机功率下降；机油变稀，零件表面不易形成油膜，磨损加剧。如果发动机冷却过度会造成：热损失增加，发动机功率下降；可燃混合气遇到冷气缸壁而凝结并流入曲轴箱内，不仅燃油消耗量增大，而且使润滑油变稀、变质，影响发动机的正常润滑，使发动机功率下降，磨损加剧；机油黏度过大，润滑系统消耗的功率增加，起动困难；燃油不易气化，使得可燃混合气燃烧不完全，燃油消耗率增加，发动机输出功率减小。

(3) 答：节温器是通过改变流经散热器水的流量来调节发动机冷却强度的。大循环是由气缸盖水套流出的循环水，经节温器上阀门流入散热器而进行循环流动的路线。小循环是由气缸盖水套流出的循环水，经节温器侧阀门及旁通管而流入水泵的循环流动路线。

(4) 答：汽车发动机冷却系统采用电动风扇的优点有：节省风扇消耗的能量；缩短发动机热机时间；降低工作噪声。

(5) 答：蜡式节温器的工作原理：当冷却液温度升高时，感应体里的石蜡逐渐变成液态，体积随之增大，迫使橡胶管收缩，从而对推杆锥状端头产生向上的推力。由于推杆上端是固定的，推杆对感应体产生向下的反推力。当冷却液温度低于76℃时，主阀门在节温器弹簧张力作用下仍关闭。当冷却液温度达到76℃时，反推力克服弹簧张力使主阀门开始打开。当冷却液温度达到86℃时，主阀门全开，侧阀门关闭旁通孔。

(6) 答：风冷却系统由强力风扇、导流罩、气缸体及气缸盖上的散热片、分流板等组成。

(7) 答：发动机润滑系统由机油泵、油底壳、机油集滤器、粗滤器、细滤器、限压阀、机油压力表、油道及油管组成，有些汽车还有机油散热器。润滑系统有三种润滑方式，即压力润滑、飞溅润滑和脂润滑。

(8) 答：机油限压阀是用来限制润滑油路中的最高压力的。若不装机油限压阀会使润滑系统中的油压过高，从而增加发动机的功率损失；严重时会将油封胀破，造成机油渗漏现象，使发动机润滑不良。

(9) 答：发动机机油压力过低的原因有：油底壳中的机油量不足；机油品质不良或曲轴箱窜气而使可燃混合气漏入曲轴箱；气缸垫损坏使冷却液漏入曲轴箱，而使机油过稀，导致机油压力过低；机油集滤器堵塞；机油泵减压阀调整不当或弹簧疲劳折断而失效；机油限压阀调整不当或弹簧过软，疲劳损坏等；机油泵损坏而不能建立油压或油压过低等。

第10章 点火系统与起动系统

10.1 学习指导

10.1.1 本章基本内容与要点

本章基本内容：点火系统的功用与分类；传统点火系统的组成及工作原理；传统点火系统主要部件的构造；电子点火系统的优点；微机控制点火系统的组成及工作原理；起动系统的功用、分类、基本组成及工作原理。

本章要点：点火系统和起动系统的组成及其应用；点火系统和起动系统的主要部件、作用及工作原理。

10.1.2 名词术语

1. 点火提前角：从点火时刻起至活塞运行到上止点，气体开始膨胀做功时，曲轴所转过的角度。
2. 最佳点火提前角：能使发动机获得最佳动力性、经济性和最佳排放时的点火提前角。
3. 触点式电子点火系统：利用晶体管的开关作用，代替断电器的触点控制点火线圈初级电路的通、断，减小触点电流，可以减小触点火花，延长触点寿命；配用高匝数比的点火线圈，还可以增大初级电流，提高次级电压，改善点火性能。
4. 无触点电子点火系统：利用各种类型的传感器代替断电器的触点，产生点火信号，控制点火系统工作的点火系统。
5. 发动机起动：曲轴在外力作用下开始转动到发动机能自行怠速运转的全过程。

10.1.3 分类、组成及基本工作原理

1. 点火系统的功用及分类

点火系统的功用是将蓄电池或发电机输出的低压电流，经点火线圈变为高压电流，通

过分电器按照发动机各缸的点火顺序,在一定时间内轮流配送给各火花塞,产生电火花,点燃气缸内的混合气。

按照点火系统的组成和产生高压电的方法不同,分为传统点火系统、电子点火系统、微机控制点火系统以及磁电机点火系统。

电子点火系统根据有无触点分为触点式电子点火系统和无触点电子点火系统两种类型。无触点电子点火装置,按所使用的传感器形式不同,有磁脉冲式、霍尔效应式、光电式等多种形式。

2. 传统点火系统的组成及工作原理

传统点火系统主要由电源、点火线圈、分电器总成、火花塞、附加电阻、点火开关等组成。其中分电器总成由断电器、配电器、点火提前装置和电容器组成。

在传统点火系统中,当发动机转动时,断电器凸轮在凸轮轴的驱动下随之旋转。凸轮转动时,断电器触点交替地闭合和打开。如触点闭合时,便接通蓄电池(或发电机)向初级绕组供电。初级电流流经的电路,称为低压电路或初级电路。初级电流在初级绕组中逐渐增大至某一值,并建立较强的磁场。当凸轮将触点打开时,初级电路被切断,初级电流及磁场迅速消失,在两个绕组的每一匝中都感应出电动势。由于次级绕组的匝数多,所以在次级绕组内就感应出 15~20kV 的电动势。此时,随凸轮同轴旋转的分火头恰好对准某缸的旁电极,该高压电经分电器加于火花塞,它足以击穿火花塞的电极间隙并产生火花,点燃混合气。

断电器触点每打开一次,产生一次高压电,当分电器轴转一圈时,由配电器按照点火顺序将高压电轮流引至各气缸点火一次。发动机工作时,该过程周而复始地进行,若要停止发动机工作,只要断开点火开关即可。

3. 传统点火系统的主要部件

1) 点火线圈

点火线圈的作用是将蓄电池的低压电(12V)转变为高压电(10000~15000V)。当点火开关接通电源后,断电器触点闭合,低压线圈有电流通过,线圈周围产生磁场。当断电器触点张开时,低压线圈里电流消失,磁场也减弱并趋于消失。由于这个磁场的变化,高压线圈感应产生高压电流。当此电流经分电器配送到各气缸的火花塞时,便产生电火花,点燃气缸里的可燃混合气。点火系统的低压线路上还有附加电阻和电容器。

2) 分电器

分电器用来接通和切断低压电路,使点火线圈产生高压电流,并按照发动机的点火顺序,在规定的时间内,将高压电分配给各气缸的火花塞,点燃混合气。分电器包括断电器、配电器、电容器和点火提前装置等。

3) 火花塞

火花塞利用高压放电原理,在保持一定距离(间隙)的两个电极间产生电火花,点燃混合气。

4. 点火提前装置

在汽车运行中,发动机的转速和负荷是经常变化的。为了使发动机在各种工况下都能适时点火,在汽车发动机传统点火系统中,一般设有两套自动调节点火提前角的装置。其中一套是离心点火提前调节装置,它能随发动机转速的变化自动地调节点火提前角;另一套是真空点火提前调节装置,它可以随发动机负荷的变化自动地调节点火提前角。

5. 起动系统的组成及工作原理

发动机常采用人力、电力、辅助汽油机等多种方式起动。现代汽车都采用起动机起动。起动系统由蓄电池、起动机、起动继电器、点火开关等组成。

当点火开关放在起动挡,起动机控制电路先接通,才能接通起动机供电电路,让蓄电池电流经电磁开关流入起动机,并使其转动起来;与此同时,电磁开关还将起动机的驱动齿轮向外推出,使其与发动机飞轮齿圈相啮合,拖转发动机。待发动机被拖转到自身完成爆发并加速运转后,飞轮有反过来带动起动机驱动齿轮运转的趋势,起动机上的单向离合器使起动机的驱动齿轮相对于起动机电枢轴空转(以保护起动机)。驾驶员应及时将点火开关转到点火挡,切断起动机控制电路,在控制机构弹簧恢复力作用下,驱动齿轮退回原处,脱离与飞轮齿圈啮合。由于供电电路同时被切断,起动机停止运转。

10.2 习题与习题详解

10.2.1 本章习题

1. 填空题

(1) 点火系统的主要功能是按照汽油机工作的要求,定时的产生_____,点燃气缸内高温高压的_____。

(2) 在汽油发动机中,气缸内压缩的混合气是靠_____点燃的,为此在汽油机的燃烧室中装有_____。

(3) 传统点火系是通过_____和_____将低压电转变为高压电的;半导体点火系则是通过_____和_____将低压电转变为高压电的。

(4) 分电器是由_____、_____、_____以及各种点火提前调节装置组合而成的。

(5) 无触点点火系一般由_____、_____、_____、_____及火花塞等构成。

(6) 无触点点火系统按所使用的传感器的形式不同,有_____、_____、和_____三种形式。

(7) 汽车发动机常用的起动方法有_____、_____、辅助汽油机,目前绝大多数的发动机都采用_____。

(8) 起动机一般由_____、_____和_____三大部分组成。

(9) 车用起动机的作用是将蓄电池提供的_____转变为_____,产生起动转矩以起动发动机。

2. 看图填空题

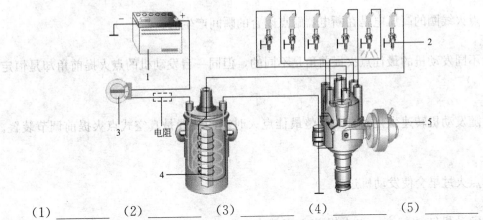

(1)_____ (2)_____ (3)_____ (4)_____ (5)_____

图 10.1 传统点火系统的组成

3. 选择题（单选或多选）

(1) 点火线圈的作用是将电源的 12V 低压电转变为（　　）高压电。
　　A. 220V　　　　　B. 380V　　　　　C. 1500~1800V　　　D. 15~20kV
(2) 断电器凸轮的凸棱数与发动机气缸数的关系一般应为（　　）。
　　A. 1∶1　　　　　B. 1∶2　　　　　C. 1∶6　　　　　D. 不一定
(3) 点火过早会使发动机（　　）。
　　A. 过热　　　　　　　　　　　　　B. 功率下降
　　C. 燃油消耗率下降　　　　　　　　D. 排气管冒黑烟
(4) 点火过迟会导致发动机（　　）。
　　A. 排气管放炮　　　　　　　　　　B. 耗油率下降
　　C. 化油器回火　　　　　　　　　　D. 曲轴反转
(5) 离心式点火提前装置是通过改变（　　）的相位关系来调整点火提前角的。
　　A. 触点与凸轮　　　　　　　　　　B. 凸轮与分电器轴
　　C. 托盘与分电器轴　　　　　　　　D. 拨板与凸轮
(6) 真空式点火提前调节装置是通过改变（　　）的相位来调整点火提前角的。
　　A. 触点与凸轮　　　　　　　　　　B. 凸轮与分电器轴
　　C. 托盘与分电器轴　　　　　　　　D. 拨板与凸轮
(7) 要使发动机正常工作，火花塞绝缘体裙部的温度应保持在（　　）。
　　A. 80~90℃　　　　B. 70~80℃　　　C. 500~700℃　　　D. 800~900℃
(8) 目前汽车上广泛使用的一种起动方式是（　　）。
　　A. 人力式　　　　B. 电力式　　　　C. 辅助式　　　　D. 电磁式
(9) 按照点火系统的组成和产生高压电的方法不同，汽车点火系统可分为（　　）。
　　A. 传统点火系统　　　　　　　　　B. 电子点火系统
　　C. 微机控制点火系统　　　　　　　D. 磁电机点火系统

4. 判断改错题

(1) 目前，汽车发动机的点火系统与汽车的其他电器设备一样，国内外汽车几乎都采

用双线制和负极搭铁。（　　）

改正：

（2）点火线圈的高压电是在断电器触点闭合的瞬间产生的。（　　）

改正：

（3）不同发动机的最佳点火提前角是不同的，但同一台发动机的点火提前角却是恒定的。（　　）

改正：

（4）随发动机转速变化而自动调整最佳点火时刻的装置是真空式点火提前调节装置。（　　）

改正：

（5）点火过早会使发动机过热。（　　）

改正：

（6）发动机转速越高，点火提前角应越大；发动机负荷越小，点火提前角应越小。（　　）

改正：

（7）要使发动机输出最大功率，就应在活塞到达上止点的那一时刻点燃混合气。（　　）

改正：

（8）配电器上的分火头总是与配电凸轮同步旋转的，所以它们与分电器轴也总是同步旋转。（　　）

改正：

（9）从配电器侧插孔引出的高压线应按发动机从前向后的顺序与各缸火花塞的中心电极相连。（　　）

改正：

（10）目前国产汽车上大多采用的单向离合器是滚柱式离合器。（　　）

改正：

5. 名词解释

（1）搭铁
（2）发动机点火系统
（3）点火提前角
（4）触点式电子点火系统
（5）无触点电子点火系统
（6）发动机的起动
（7）起动转矩
（8）起动转速

6. 问答题

（1）发动机点火系统的功用是什么？
（2）传统点火系统主要由哪些装置构成？各装置的作用是什么？
（3）画出传统点火系统的原理图，说明点火系统是怎样工作的？
（4）分电器中为什么要设置真空提前和离心提前调节装置？

(5) 发动机的最佳点火提前角受哪些因素的影响？

(6) 汽车点火系统中有几套自动调节点火提前角的装置？它们各用什么方法来实现调节点火提前角？

(7) 微机控制的点火系统主要有哪些优点？

(8) 起动机由哪三大部分组成？各部分的作用是什么？

(9) 简述起动机控制装置的工作过程。

(10) 单向离合器的作用是什么？常用的起动机离合机构有哪几种？

(11) 试述滚柱式单向离合器的结构及工作原理。

10.2.2 习题详解

1. 填空题

(1) 高压电　可燃混合气

(2) 电火花　火花塞

(3) 点火线圈　断电器　点火线圈　半导体晶体管

(4) 断电器　配电器　电容器

(5) 传感器　点火控制器　点火线圈　配电器

(6) 磁脉冲式　霍尔效应式　光电式

(7) 电动机起动　手摇起动　电动机起动

(8) 直流电动机　人力机构　离合机构

(9) 直流电能　机械能

2. 看图填空题

(1) 蓄电池　(2) 火花塞　(3) 点火开关　(4) 点火线圈　(5) 分电器

3. 选择题（单选或多选）

(1) D　(2) A　(3) B　(4) A　(5) B　(6) A

(7) C　(8) B　(9) ABCD

4. 判断改错题

(1) (×)。"双"改为"单"

(2) (×)。"闭合"改为"断开"

(3) (×)。"但同一台发动机的点火提前角却是恒定的"改为"同一台发动机其最佳点火提前角也是不断变化的"

(4) (×)。"真空式"改为"离心式"

(5) (×)。"早"改为"迟"

(6) (×)。"发动机的负荷越小，点火提前角应越小"改为"发动机负荷越小，点火提前角应越大"

(7) (×)。"上止点的那一刻"改为"上止点前"

(8) (×)。"所以它们与分电器轴也总是同步旋转"改为"但它们与分电器轴却不总是同步旋转的"

(9)（×）。"从前向后的顺序"改为"点火次序"
(10)（√）。

5. 名词解释

(1) 搭铁：用电设备通过发动机机体、车架等金属件与蓄电池的某一电极相连的连接方式，称为搭铁。

(2) 发动机点火系统：能够按时在火花塞电极间产生电火花的全部设备，称为发动机点火系统。

(3) 点火提前角：从点火时刻起到活塞运行到上止点，气体开始膨胀做功时，曲轴所转过的角度。

(4) 触点式电子点火系统：利用晶体管的开关作用，代替断电器的触点控制点火线圈初级电路的通、断，减小触点电流，可以减小触点火花，延长触点寿命；配用高匝数比的点火线圈、还可以增大初级电流，提高次级电压，改善点火性能。

(5) 无触点电子点火系统：简称无触点点火系统。它利用各种类型的传感器代替断电器的触点，产生点火信号，控制点火系统的工作。

(6) 发动机的起动：曲轴在外力作用下开始转动到发动机能自行怠速运转的全过程，称为发动机的起动。

(7) 起动转矩：起动发动机时，用以克服气缸内被压缩的气体的阻力和发动机本身及其附件内相对运动的零件之间的摩擦阻力所需要的力矩，称为起动转矩。

(8) 起动转速：保证发动机顺利起动所必需的曲轴转速，称为起动转速。

6. 问答题

(1) 答：按发动机点火次序的要求，在规定的时间内，将足够能量的高压电输送到火花塞的两电极间，使其产生电火花，以点燃可燃混合气，使发动机实现做功。

(2) 答：主要由两大部分构成：

低压电路部分：低压电源(包括蓄电池和发电机)、电流表、点火开关、带有附加电阻的初级绕组、断电器及电容器等；

高压电路部分：点火线圈中的次级绕组、分电器、火花塞等。

各装置的作用如下。

断电器：周期地接通和断开初级电路，使初级电流发生变化，以便在点火线圈中感应生成次级电压。

分电器：将点火线圈中产生的高压电，按照发动机的工作次序轮流分配到各气缸的火花塞上，它主要由胶木制成的分电器盖和分火头组成。

电容器：减少断电器两触点断开时的电火花；消除初级绕组中自感电流的不利影响，以提高次级电压。

点火线圈：将蓄电池或发电机所产生的低压电转变为高压电。

火花塞：将点火线圈所产生的脉冲高压电引进燃烧室，并在其两个电极间产生电火花以点燃混合气。

附加电阻：保证初级电流的基本稳定，避免初级线圈过热，以改善蓄电池点火系统的点火特性。

(3) 答：如图10.2所示，随着发动机曲轴的旋转，分电器轴上的凸轮周期性地将断电器触点断开和接通。当凸轮的凸棱转离活动触点臂时，触点闭合，低压电路接通，电流由蓄电池正极—电流表—点火开关—点火线圈的初级绕组—断电器回到蓄电池负极，形成闭合回路，在点火线圈的铁芯内形成磁场。当凸轮的凸棱顶开活动触点臂时，触点断开，初级电路中的电流迅速衰弱，点火线圈铁心中的磁通随之减小，在次级绕组中便感应出次级高压电。高压电被配电器分送到某缸的火花塞上，使火花塞的两电极间产生电火花，点燃可燃混合气。

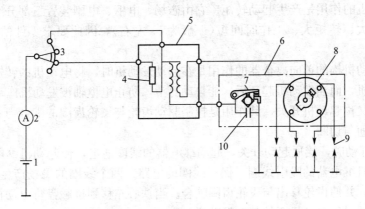

图 10.2　传统点火系统的工作原理电路图
1—蓄电池；2—电流表；3—点火开关；4—附加电阻；5—点火线圈；6—分电器总成；
7—断电器；8—配电器；9—火花塞；10—电容

（4）答：发动机工作时点火时刻对发动机的工作和性能有很大的影响。应提前点火，使混合气燃烧时产生的热量，在做功行程中得到最有效的利用，可以提高发动机的热效率。

在汽车运行中，发动机的转速和负荷是经常变化的。为了使发动机在各种工况下都能适时点火，在汽车发动机的传统点火系统中，一般设有两套自动调节点火提前角装置。其中一套是离心点火提前调节装置，它能随发动机转速的变化自动地调节点火提前角；另一套是真空点火提前调节装置，它可以随发动机负荷的变化自动地调节点火提前角。

（5）答：最佳点火提前角受以下因素影响。

发动机转速影响：点火提前角应随转速的增高适当加大。

发动机负荷（节气门开度）的影响：随着负荷的加大，混合气燃烧速度增大。这时，点火提前角应适当减小。反之，发动机负荷减小时，点火提前角应适当加大。

汽油的抗爆性的影响：高牌号汽油要求其点火提前角应适当加大。反之则减小。

（6）答：有两套。

离心式点火提前调整装置：随发动机转速变化而自动调节。它是利用改变凸轮和分电器轴的相对位置来实现调节点火提前角的。转速越高，二者相对位置差越大，点火提前角越大。

真空式点火提前调整装置：按节气门开度（负荷）不同而自动调节的，它是利用改变触点与凸轮的相对位置来实现调节点火提前角的。节气门开度越小，触点与凸轮的相对位置差就越大，点火提前角越大。

（7）答：微机控制的点火系统，取消了机械式点火提前调节装置，由微机控制点火系统随发动机工况的变化自动地调节点火提前角,使发动机在任何工况下均在最佳的点火时刻点火。此外,它还能自动地调节初级电路的导通时间,使高速时初级电路的导通时间延长,增大初级电流,提高次级电压;低速时初级电路导通时间适当缩短,限制初级电流的幅度,以防止点火线圈发热。

(8) 答:起动机是起动系统的主要组成部分,一般由直流串励式电动机、传动机构、电磁开关等部分组成。

直流电动机的作用是产生起动转矩。它由磁场、电枢、电刷装置三部分组成。由于电动机工作电流大、转矩大、工作时间短(一般为5s左右),因此要求零件的机械强度高、电路电阻小。

起动机传动机构的单向离合器的作用是在起动发动机时,将电动机的转矩传给发动机曲轴起动发动机,而当发动机起动后,能自动打滑,防止电枢轴被发动机拖动超速旋转。

控制装置又称起动机开关,其作用是控制驱动齿轮与飞轮齿圈的啮合与分离,控制电动机电路的接通与切断。

(9) 答:起动时,接通起动开关,起动继电器的线圈通电,使起动机继电器的触点闭合,接通起动机继电器的吸引线圈、保持线圈的电路。两个线圈的磁场产生很强的磁力,吸引铁心左移,并使齿轮移出与飞轮齿圈啮合。当铁心左移到接触盘将电动机接线柱与蓄电池接线柱接通时,电动机开始起动发动机。

起动后,及时松开起动开关,起动继电器线圈断电,磁场消失,在回位弹簧的作用下铁心右移回到原位,起动机电路切断。与此同时,驱动杠杆也在弹簧的作用下回位,并使齿轮退出啮合。

(10) 答:起动机应该只在起动时才与发动机曲轴相连,以把起动机的动力通过飞轮传递给曲轴。而当发动机开始工作之后,起动机应立即与曲轴分离,使发动机不可能反过来通过飞轮驱动起动机。否则,随着发动机转速的增高,将使起动机大大超速,产生很大的离心力,而使起动机损坏。因此,起动机中装有离合机构。

常用的起动机离合机构有滚柱式、弹簧式和摩擦片式等。

(11) 答:滚柱式单向离合器由外座圈、开有楔形缺口的内座圈、滚子以及连同弹簧一起装在内座圈孔内的柱塞组成。当电枢连同内座圈沿同一方向旋转时,滚子借助摩擦力及弹簧推力作用而楔紧在内外座圈之间的楔形槽的窄端。因此固定在外座圈上的齿轮随电枢轴一同旋转,驱动飞轮齿圈而使曲轴旋转。当发动机开始工作,曲轴转速升高以后,即有飞轮齿圈带动小齿轮高速旋转的趋势。滚子在摩擦力的作用下克服弹簧张力而向楔形槽中较宽的一端滚动,内外座圈脱离联系而可以自由地相对滑动,从而高速旋转的小齿轮与电枢轴脱开,防止起动机超速。

第 11 章 汽车底盘的基本知识

11.1 学习指导

11.1.1 本章基本内容与要点

本章基本内容：汽车底盘的基本知识，底盘的布置形式，汽车的行驶原理和制动原理；汽车的主要性能，包括动力性、经济性、制动性、操纵稳定性、舒适性和通过性。

本章要点：汽车底盘的功用与组成；传动系统、行驶系统、转向系统和制动系统的功用与组成；常见的底盘布置形式及其特点，汽车主要性能的基本概念。

11.1.2 名词术语

1. 驱动力：由发动机的转矩经传动系统至驱动轮得到的作用力。
2. 空气阻力：汽车相对于空气运动时，空气作用力在行驶方向上的分力。
3. 坡道阻力：汽车在纵向坡道上坡行驶时，汽车质量产生与地面平行的分力，其分力方向与汽车行驶方向相反。
4. 加速阻力：汽车加速行驶时，需要克服其质量加速运动时的惯性力。
5. 燃料经济性：汽车以最小燃料消耗量完成单位运输工作量的能力。
6. 操纵稳定性：在驾驶员不感到过分紧张、疲劳的条件下，汽车能遵循驾驶者通过转向系统和转向车轮给定的方向行驶，且当遭遇到外界干扰时，汽车能抵抗干扰而保持稳定行驶的能力。
7. 通过性：汽车在一定装载质量下能以较高的平均速度通过各种坏路及无路地带和克服各种障碍物的能力。

11.1.3 分类、组成及基本工作原理

1. 底盘的功用及组成

底盘的作用是支撑、安装汽车发动机和汽车各部件、总成，构成汽车整体。将发动机传来的动力，经减速增矩后传给驱动车轮，驱动车辆前进。汽车底盘由传动系统、行驶系统、转向系统与制动系统四个部分组成。

1) 传动系统

传动系统的功用是根据需要将动力平稳结合并传递或迅速彻底地分离动力；能满足汽车倒车和必要时左右驱动车轮差速转动的要求；且应保证在各种行驶条件下提供必需的牵引力和达到相应的车速。

传动系统包括离合器、变速器、万向传动装置、主减速器、差速器等部分。

2) 行驶系统

行驶系统的功用是接收发动机经传动系传来的转矩，并通过驱动轮和路面间的附着作用产生汽车牵引力，保证汽车正常行驶；尽可能缓和不平路面对车身造成的冲击和振动，保证汽车行驶的平顺性；并与汽车转向系统配合，保证汽车的操纵稳定性。

行驶系统包括车架、车桥、车轮和悬架等部分。

3) 转向系统

转向系统的功用是按照驾驶员意愿，用来保持或者改变汽车行驶方向。转向系统包括转向盘、转向轴、转向器、转向直拉杆、转向梯形、转向节等部分。

4) 制动系统

制动系统的功用是使行驶中的汽车减速或停车以及实现可靠驻车。制动系统包括前后制动器、控制装置、供能装置和传动装置。

2. 底盘的布置形式

常见的底盘布置形式有发动机前置后轮驱动(FR)，发动机前置前轮驱动(FF)，发动机后置后轮驱动(RR)以及全轮驱动(nWD)四种布置形式。

FR 是一种传统的布置形式，国内外大多数货车、部分轿车和部分客车都采用这种形式。前轮转向后轮驱动，前后轮各行其职，转向与驱动分开，负荷分布比较均匀。

FF 布置紧凑，地板低而平，操纵稳定性好，但结构复杂，轮胎易磨损。大多数轿车采用这种布置形式。

RR 多用在大型客车及少量微型、轻型轿车上。发动机后置使前轴不易过载，并能充分利用车厢面积，降低车身地板高度，但发动机散热条件差，行驶中某些故障不易被驾驶员觉察。

nWR 在变速器后装有分动器将动力传到全部车轮上，一般用在越野车上。

3. 汽车行驶驱动力与行驶阻力

驱动力是由发动机的转矩经传动系统至驱动轮得到的。汽车发动机产生的有效转矩经传动系传到驱动轮上，在驱动轮上作用转矩 T，从而产生对地面的一个圆周力 F_0，与此同时，引起地面对驱动轮产生一个与汽车行驶方向一致的切向反作用力 F_t，此切向反力即为汽车的驱动力。

行驶阻力一般有滚动阻力、空气阻力、坡道阻力和加速阻力四种。滚动阻力是当车轮在路面上滚动时，由于两者间的相互作用力和相应变形所引起的能量损失的总称。空气阻力是汽车相对于空气运动时，空气作用力在行驶方向上的分力。坡道阻力是汽车在纵向坡道上坡行驶时，汽车质量产生与地面平行的分力，其分力方向与汽车行驶方向相反。加速阻力是汽车加速行驶时，需要克服其质量加速运动时的惯性力。

4. 制动性、稳定性、通过性基本概念

汽车制动性有三方面内容：制动效能，制动效能恒定性（即抗热衰退和水衰退的性能）和制动时汽车方向稳定性（即不跑偏、不侧滑、不失去转向能力）。

操纵稳定性是指在驾驶员不感到过分紧张、疲劳的条件下，汽车能遵循驾驶者通过转向系统和转向车轮给定的方向行驶，且当遭遇到外界干扰时，汽车能抵抗干扰而保持稳定行驶的能力。

通过性是指汽车在一定装载质量下能以较高的平均速度通过各种坏路及无路地带和克服各种障碍物的能力。

11.2 习题与习题详解

11.2.1 本章习题

1. 填空题

(1) 汽车底盘由_____、_____、_____和_____四个部分组成。

(2) 汽车_____系统是汽车发动机与驱动轮之间动力传递装置的总称。

(3) _____系统包括车架、车桥、车轮和悬架等部分。

(4) _____系统是用来保持或者改变汽车行驶方向的机构。

(5) _____系统的功能是使行驶中的汽车减速或停车以及实现可靠驻车。

(6) 汽车在道路上行驶时一般有滚动阻力、_____、_____和_____四种行驶阻力。

2. 选择题（单选或多选）

(1) 常见的汽车布置形式有（　　）。
　　A. 发动机前置后轮驱动　　　　　B. 发动机后置后轮驱动
　　C. 发动机前置前轮驱动　　　　　D. 全轮驱动

(2) nWD 是（　　）驱动方式的英文缩写。
　　A. 发动机前置后轮驱动　　　　　B. 发动机后置后轮驱动
　　C. 发动机前置前轮驱动　　　　　D. 全轮驱动

(3) 汽车的主要性能有（　　）
　　A. 动力性　　　B. 燃油经济性　　　C. 制动性　　　D. 操纵稳定性

(4) 评价汽车动力性的指标包括（　　）
　　A. 最高车速　　　B. 加速时间　　　C. 最大爬坡度　　　D. 方向稳定性

(5) 汽车制动性包括三方面的内容（　　）
　　A. 制动效能　　　　　　　　B. 制动效能的恒定性
　　C. 方向稳定性　　　　　　　D. 爬坡能力

3. 判断改错题

(1) 底盘将发动机发出的动力，经增速减矩后传给驱动车轮。（　　）
改正：
(2) 发动机后置后轮驱动使用远距离操纵使操纵机构变得复杂。（　　）
改正：
(3) 地面对车轮的最大纵向反作用力的极限值，称为附着力。（　　）
改正：
(4) 我国和美国通用的燃油经济性指标都是汽车行驶100km耗用的燃油升数(L/100km)。
改正：（　　）
(5) 汽车的通过性主要取决于汽车的几何参数与支撑牵引参数。（　　）
改正：

4. 名词解释

(1) 驱动力
(2) 加速阻力
(3) 操纵稳定性

5. 问答题

(1) 底盘由哪些系统构成？各系统的作用是什么？
(2) 汽车的布置型式有几种？各有何优缺点？
(3) 指出图11.1中传动系统各组成部分的名称，并简述传动系统的主要功能由哪些部分完成。

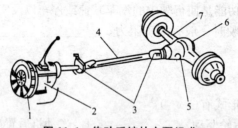

图11.1　传动系统的主要组成

11.2.2　习题详解

1. 填空题

(1) 传动系统　行驶系统　转向系统　制动系统
(2) 传动
(3) 行驶
(4) 转向

(5) 制动

(6) 空气阻力　坡道阻力　加速阻力

2．选择题（单选或多选）

(1) ABCD　　　(2) D　　　(3) ABCD　　　(4) ABC　　　(5) ABC

3．判断改错题

(1)（×）。改正：将"增速减矩"改为"减速增矩"

(2)（√）。

(3)（×）。改正：将"纵向"改为"切向"

(4)（×）。改正：将"美国"改为"欧洲"

(5)（√）。

4．名词解释

(1) 驱动力：汽车发动机产生的有效转矩经传动系传到驱动轮上，引起地面对驱动轮产生一个与汽车行驶方向一致的切向反作用力 F_t，此切向反力即为汽车的驱动力。

(2) 加速阻力：汽车加速时需克服其质量加速运动时的惯性力，就是加速阻力。

(3) 操纵稳定性：在驾驶者不感到过分紧张、疲劳的条件下，汽车能遵循驾驶者通过转向系统及转向车轮给定的方向行驶，且当遭遇到外界干扰时，汽车能抵抗干扰而保持稳定行驶的能力。

5．问答题

(1) 答：底盘由传动系统、行驶系统、转向系统和制动系统四个部分组成。

传动系统是将动力平稳结合并传递或迅速彻底地分离动力；满足汽车倒车和差速要求；保证在各种行驶条件下提供必需的牵引力、车速。行驶系统保证汽车正常行驶，缓和不平道路对车身造成的冲击和振动，并与转向系统配合，保证汽车操纵稳定性。汽车转向系统是保持或改变汽车行驶方向。制动系统是使行驶中的汽车减速或停车以及实现可靠驻车。

(2) 答：有四种，即发动机前置后驱动、前置前驱动、后置后驱动、全轮驱动。

它们的优缺点如下。

① 前置后驱动：优点是发动机冷却好，操纵方便，牵引力大（后桥的负荷大，附着力增加）。缺点是传动系统较长，质量增加。

② 前置前驱动：优点是传动系统短，布置紧凑，无传动轴，地板高度降低，行驶稳定性好。缺点是前轮驱动兼转向，使结构复杂，轮胎易磨损，当后排座无乘客制动时，后轮易抱死。

③ 后置后驱动：优点是轴荷分配合理（后桥附着质量增加），转向轻快，车厢有效面积增大，重心低（无传动轴），行驶平稳，车内噪声小。缺点是发动机冷却不良；发动机、离合器、变速器的操纵机构复杂。

④ 全轮驱动：优点是充分利用车轮与地面的附着性能，牵引力矩较大，越野性能较好。缺点是结构复杂，成本较高，转向沉重。

(3) 答：1—离合器；2—变速器；3—万向节；4—传动轴；5—主减速器；6—差速

器；7—半轴。

① 减速和变速功能——通过主减速器实现减速增矩。变速器用以改变行车速度，以便与经常变化的使用条件（包括汽车实际装载质量、道路坡度、路面状况、交通情况等）相适用，使发动机在最有利转速范围内工作。

② 实现汽车倒驶——在变速器内设置倒挡。保证在发动机旋转方向不变的情况下，实现汽车的倒向行驶。

③ 必要时中断动力传动——通过分离离合器或变速器挂空挡来实现汽车的短暂停歇。

④ 差速作用——差速器使两驱动轮可以有不同的转速，便于汽车转向和在不平路面上行驶时，两侧车轮均做纯滚动，而减轻轮胎的磨损。

第 12 章 离 合 器

12.1 学 习 指 导

12.1.1 本章基本内容与要点

本章基本内容：离合器的基本功用和基本要求；摩擦离合器的基本组成、结构及工作原理；离合器的分类；从动盘的组成分类及扭转减振器的结构、工作原理；离合器的基本概念，包括离合器自由间隙、踏板自由行程、压盘移动距离、踏板有效行程及分离杠杆运动干涉与防治措施、压盘的传力方式、分离杠杆高度调节等。

本章要点：离合器的功用、类型、组成及工作原理；离合器踏板自由行程，离合器自由间隙，踏板总行程；从动盘的组成、类型；离合器操纵机构的类型；液压式操纵机构的组成。

12.1.2 名词术语

1. 离合器踏板自由行程：由于离合器自由间隙的存在，踏下离合器踏板时，首先要消除这一间隙，然后才能开始分离离合器。为消除这一间隙所需的离合器踏板行程，称为离合器踏板自由行程。

2. 离合器自由间隙：当离合器处于正常接合状态，分离套筒被回位弹簧拉到后极限位置时，分离轴承和分离杠杆内端之间应留有的一定量间隙。

3. 踏板有效行程：从动盘有一定的轴向弹性，飞轮、压盘和从动盘的接触面积也会有一定的翘曲变形，要使离合器彻底分离，压盘要有充分的移动距离，这一距离反映到踏板上就是踏板的有效行程。

4. 踏板总行程：有效行程与自由行程之和就是踏板总行程。

5. 运动干涉：若分离杠杆支点是固定铰链，当杠杆转动时，其外端与压盘铰接处的运动轨迹是一弧线,而压盘上该点只能做轴向直线运动,这就使分离杠杆产生运动干涉。

12.1.3 分类、组成及基本工作原理

1. 离合器的功用与组成

离合器的功用是保证汽车平稳起步,保证变速器换挡平顺,防止传动系统过载。摩擦离合器的组成包括主动部分、从动部分、压紧机构、分离机构和操纵机构五部分。

主动部分包括飞轮、离合器盖和压盘;从动部分主要由从动盘和从动轴组成;分离机构由分离叉、分离套筒、分离轴承、分离杠杆、回位弹簧等组成;压紧机构由周布弹簧或膜片弹簧组成;操纵机构包括离合器踏板、拉杆、拉杆调节叉及回位弹簧。

2. 离合器的分类

按从动盘数目离合器可分为单盘离合器和双盘离合器;按压紧弹簧结构形式分为螺旋弹簧离合器和膜片弹簧离合器;根据弹簧内端的受力方向分推式和拉式,推式受力方向指向压盘,拉式受力方向离开压盘。

3. 膜片弹簧离合器的工作原理

膜片弹簧离合器的主、从动部分与周布弹簧离合器相似。压紧机构所用的压紧弹簧是一个用优质薄弹簧钢板制成的带有一定锥度的膜片弹簧。膜片弹簧既是压紧弹簧又是分离杠杆。离合器的工作靠主从动件接触面之间的摩擦作用传递转矩。其工作由接合状态、分离过程和接合过程组成。当离合器安装螺栓紧固后,离合器盖左移,膜片弹簧以右钢丝支撑圈为支点发生弹性变形,膜片弹簧的反弹力使其外端对压盘和从动盘产生压紧力,此时离合器处于接合状态。当分离离合器时,分离轴承左移,膜片弹簧内端左移,并以左钢丝支撑圈为支点转动,于是膜片弹簧外端右移,通过分离弹簧拉动压盘使离合器分离。

4. 从动盘与扭转减振器

从动盘由从动盘毂、从动盘本体及摩擦片组成,有不带扭转减振器和带扭转减振器两种。

从动盘工作时,两侧摩擦片受摩擦力矩首先传到从动盘本体和减振器盘上,再经减振器弹簧传给从动盘毂。弹簧被压缩起缓冲作用,冲击减小。

5. 离合器操纵机构

离合器操纵机构包括人力式和助力式。人力式是以驾驶员肌体作为唯一的操纵能源;助力式是以发动机驱动空压机作为主要操纵能源,以人体作为辅助和后备的操纵能源。

人力式操纵机构分为机械式和液压式两种。机械式操纵机构有杆系传动和绳索传动两种。液压式操纵机构应用较为广泛,主要由主缸、工作缸及管路系统组成,其摩擦阻力小、质量轻、布置方便、接合柔和、不受车架和车身变形的影响。

12.2 习题与习题详解

12.2.1 本章习题

1. 填空题

(1) 离合器的功用包括_____、_____、_____。

(2) 离合器由_____、_____、_____和_____四部分组成。

(3) 按压紧弹簧形式，离合器可分为_____和_____。

(4) 按压紧弹簧布置形式，离合器可分为_____和_____。

(5) 从动盘主要由_____、_____和_____三个部分组成。

(6) 离合器人力操纵机构按所用传动装置的形式分为_____和_____。

(7) 按离合器所需要的操纵能源分，离合器的操纵机构分为_____和_____。

(8) 根据膜片弹簧内端的受力方向不同，可分为_____和_____。

(9) 为消除离合器自由间隙所需的离合器踏板行程，称为_____。

2. 选择题（单选或多选）

(1) 下面选项中属于离合器主动部分的是(　　)。
　　A. 飞轮　　　　　B. 离合器盖　　　C. 压盘　　　　　D. 摩擦片

(2) 组成离合器从动部分的有(　　)。
　　A. 离合器盖　　　B. 压盘　　　　　C. 从动盘　　　　D. 压紧弹簧

(3) 离合器的功用是(　　)。
　　A. 保证汽车平稳起步　　　　　　　B. 便于换挡
　　C. 减速增矩　　　　　　　　　　　D. 防止传动系过载

(4) 调整中央弹簧离合器压紧力的目的是(　　)。
　　A. 实现离合器踏板的自由行程
　　B. 减轻从动盘磨损
　　C. 防止热膨胀失效
　　D. 保证摩擦片正常磨损后离合器所传递的最大转矩值不变

(5) 膜片弹簧离合器中的膜片弹簧的作用是(　　)。
　　A. 压紧弹簧　　　B. 分离杠杆　　　C. 从动盘　　　　D. 主动盘

(6) 构成离合器从动盘的零件主要有(　　)。
　　A. 从动盘本体　　B. 从动盘毂　　　C. 压盘　　　　　D. 摩擦片

(7) 当膜片弹簧离合器处于完全分离状态时，膜片弹簧将发生变形，其(　　)。
　　A. 锥顶角不变　　　　　　　　　　B. 锥顶角为180°
　　C. 锥顶角为反向锥形　　　　　　　D. 都有可能

(8) 膜片弹簧离合器的结构特点包括(　　)。

A. 不需专门的分离杠杆，使结构简化　　B. 主要部件形状简单
C. 轴向尺寸较小　　D. 零件数目少，质量轻

(9) 膜片弹簧离合器的优点有（　　）。
A. 转矩容量大且较稳定　　B. 操纵轻便
C. 散热通风好　　D. 摩擦片的使用寿命长

(10) 下列关于离合器说法正确的是（　　）
A. 汽车离合器操作要领要求是分离时要迅速、彻底，接合时要平顺、柔和
B. 汽车离合器位于发动机与变速器之间
C. 离合器从动盘有带扭转减振器和不带扭转减振器两种形式
D. 踩下离合器踏板，离合器接合

(11) 下列关于汽车离合器踏板自由行程的叙述错误的有（　　）
A. 自由行程是由于操纵机构长期使用后磨损产生的
B. 自由行程可以使压盘有足够的空间压紧从动盘，防止离合器打滑
C. 自由行程是指分离杠杆内端与分离轴承间的自由间隙
D. 自由行程与有效行程之和就是踏板的总行程

3. 判断改错题

(1) 分离杠杆内端高低不一致将导致离合器分离不彻底。（　　）
改正：

(2) 膜片弹簧离合器用膜片弹簧取代压紧弹簧和分离杠杆。（　　）
改正：

(3) 在摩擦面压紧力、摩擦面的尺寸、材料的摩擦系数相同的条件下，双片离合器比单片离合器传递的转矩要大。（　　）
改正：

(4) 与周布弹簧离合器相比，中央弹簧离合器的压紧力可调。（　　）
改正：

(5) 双片离合器有两个从动盘、两个压盘、两个摩擦面。（　　）
改正：

(6) 汽车行驶时，离合器的主、从动部分常处于分离状态。（　　）
改正：

(7) 与螺旋弹簧相比，膜片弹簧最大的优点在于其非线性的刚度特性。（　　）
改正：

4. 名词解释

(1) 离合器自由间隙
(2) 离合器踏板自由行程
(3) 踏板有效行程

5. 问答题

(1) 离合器为什么要留自由间隙？
(2) 简述膜片弹簧离合器的结构特点。

(3) 离合器分离杠杆的运动干涉是如何产生的?
(4) 简述膜片弹簧离合器的工作过程。
(5) 简述离合器是如何传递动力的。
(6) 简述离合器操纵机构的类型。
(7) 离合器从动盘上的扭转减振器的作用是什么?它是如何起作用的?

12.2.2 习题详解

1. 填空题

(1) 保证汽车平稳起步　保证变速器换挡时工作平顺　防止传动系过载
(2) 主动部分　从动部分　压紧机构　分离机构
(3) 膜片弹簧离合器　螺旋弹簧离合器
(4) 中央弹簧离合器　周布弹簧离合器
(5) 从动盘毂　从动盘本体　摩擦片
(6) 机械式　液压式
(7) 人力式　助力式
(8) 推式　拉式
(9) 离合器踏板自由行程

2. 选择题(单选或多选)

(1) ABC　　(2) C　　(3) ABD　　(4) D　　(5) AB
(6) ABD　　(7) C　　(8) ABCD　　(9) ABCD　　(10) ABC　　(11) A

3. 判断改错题

(1) (√)。
(2) (√)。
(3) (√)。
(4) (√)。
(5) (×)。改正：将"两个摩擦面"改为"四个摩擦面"
(6) (×)。改正：将"分离状态"改为"接合状态"
(7) (√)。

4. 名词解释

(1) 离合器自由间隙：当离合器处于正常接合状态，分离套筒被回位弹簧拉到后极限位置时，分离轴承和分离杠杆内端之间应留有一定量的间隙，称为离合器自由间隙。

(2) 离合器踏板自由行程：由于离合器自由间隙的存在，踏下离合器踏板时，首先要消除这一间隙，然后才能开始分离离合器。为消除这一间隙所需的离合器踏板行程，称为离合器踏板自由行程。

(3) 踏板有效行程：由于从动盘有一定的轴向弹性，飞轮、压盘和从动盘的接触面也会有一定的翘曲变形。要使离合器彻底分离，压盘要有充分移动的距离。这一距离反映到踏板上就是踏板有效行程。

5. 问答题

(1) 答：离合器经过使用后，从动盘摩擦衬片被磨损变薄，在压力弹簧作用下，压盘要向前移，使得分离杠杆的外端也随之前移，而分离杠杆的内端则向后移，若分离杠杆内端与分离轴承之间预先没留有间隙(即离合器踏板自由行程)，则分离杠杆内端的后移可能被分离轴承顶住，使得压盘不能压紧摩擦片而出现打滑，进而不能完全传递发动机的动力。因此，离合器踏板必须要有自由行程。

(2) 答：膜片弹簧离合器结构特点：①开有径向槽的膜片弹簧，既起压紧机构(压力弹簧)的作用，又起分离杠杆的作用，与螺旋弹簧离合器相比，结构简单紧凑，轴向尺寸短，零件少，质量轻，容易平衡。②膜片弹簧不像多簧式弹簧(螺旋弹簧)在高速时会因离心力而产生弯曲变形从而导致弹力下降，它的压紧力几乎与转速无关，即它具有高速时压紧力稳定的特点。③膜片弹簧离合器由于压盘较厚，热容量大，不会产生过热，而且产生压紧力的部位是钻孔以外的圆环部分，所以，压盘的受力是周圈受力，使膜片与压盘接触面积大，压力分布均匀，压盘不易变形，接合柔和，分离彻底。

(3) 答：离合器分离杠杆支点是固定铰链，当杠杆转动时，其外端与压盘铰接处的运动轨迹是一弧线，而压盘上该点只能做轴向直线运动，这就使分离杠杆产生运动干涉。

(4) 答：膜片弹簧离合器的工作过程可用图 12.1 表示。

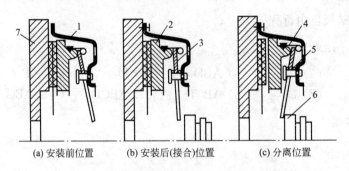

图 12.1 膜片弹簧离合器工作过程示意图
1—离合器盖；2—压盘；3—膜片弹簧；
4—分离钩；5—支承环；6—分离轴承；7—飞轮

当离合器盖总成未固定于飞轮上时，膜片弹簧不受力而处于自由状态，如图(a)所示。此时离合器盖 1 与飞轮 7 之间有一定间隙。当离合器盖 1 用螺钉安装在飞轮 7 上后，由于离合器盖靠向飞轮，消除间隙后，离合器盖通过支承环 5 压膜片弹簧 3 使其产生弹性变形(膜片弹簧锥顶角增大)，同时在膜片弹簧的外圆周对压盘 2 产生压紧力而使离合器处于接合状态，如图(b)所示。当踏下离合器踏板时，离合器分离轴承 6 被分离叉推向前，消除分离轴承和分离指之间 3mm 左右的间隙(相当于踏板 30mm 左右的自由行程)后压下分离指，使膜片弹簧以支承环为支点发生反向锥形的转变，于是膜片弹簧的外圆周翘起，通过分离钩 4 拉动压盘 2 后移，使压盘与从动盘分离，动力被切断，如图(c)所示。

(5) 答：当发动机工作离合器处于接合状态时，发动机的转矩一部分将由飞轮经与之接触的摩擦片传给从动盘的花键毂；另一部分则由飞轮通过八个固定螺钉传到离合器盖，并由此再经四组传动片传到压盘，然后也通过摩擦片传给从动盘的花键毂。最后从动盘花键毂通过花键将转矩传给从动轴，由此输入变速器。

（6）答：离合器操纵机构的类型有气压助力式和人力式，人力式又分机械式和液压式。

（7）答：扭转减振器的其作用是减小传动系所产生的扭转振动振幅；缓和传动系偶然发生的瞬时最大载荷，减少冲击，提高传动系零件的寿命；使汽车起步平稳。

从动盘工作时，两侧摩擦片所受力矩首先传到从动盘本体和减振器盘上，再经六个弹簧传给从动盘毂。摩擦片转动，从动盘毂没有转动时，弹簧被压缩。压缩弹簧吸收传动系统所受的冲击及扭转振动的能量，使扭转振动迅速衰减。

第13章 变速器与分动器

13.1 学习指导

13.1.1 本章基本内容与要点

本章基本内容：变速器的功用与分类，变速原理；三轴五挡变速器和两轴五挡式变速器的结构、各挡传动比及传动路线；组合式变速器的结构；无同步器时的换挡过程，锁销式和锁环式同步器的结构和工作原理，变速器操纵机构的功用、类型和锁止装置，两个输出轴式分动器和三个输出轴式分动器的结构及工作原理。

本章要点：变速器的功用与分类，传动比；变速原理；组合式变速器的传动比，同步器的功用、工作原理与分类；变速器操纵机构的功用、类型；变速器锁止装置；分动器的功用。

13.1.2 名词术语

1. 传动比：主动轴转速与从动轴转速的比值，或从动齿轮齿数与主动齿轮齿数之比，或从动齿轮轴的转矩与主动齿轮轴的转矩之比。$i=\dfrac{n_1}{n_2}=\dfrac{Z_2}{Z_1}=\dfrac{T_2}{T_1}$。

2. 同步器：使接合套与准备进入啮合的齿圈之间迅速同步，并防止在达到同步之前进行啮合的装置。

3. 超速挡：传动比 $i<1$ 的挡位称为超速挡。

4. 直接挡：传动比 $i=1$ 的挡位称为直接挡。

5. 自锁装置：挂挡后能保证接合套与接合齿圈全部啮合的装置。在振动等条件影响下，能保证变速器不自行挂挡或自行脱挡。

6. 互锁装置：防止两个拨叉轴同时移动，即当拨动一根拨叉轴轴向移动时，其他拨叉轴被锁止，可防止同时挂上两个挡。

7. 倒挡锁：提醒驾驶员防止误挂倒挡，提高安全性。

13.1.3 分类、组成及基本工作原理

1. 变速器分类

按传动比变化方式分有级式、无级式和综合式；按变速器操纵机构分手动变速器和自动变速器。

2. 变向原理

一对相啮合的外齿轮转动旋向相反，每经过一个传动副，转轴改变一次旋向。倒挡就是再加上一根倒挡轴。

3. 两轴式和三轴式变速器结构特点

三轴式齿轮传动形式的特点是由三根轴传动使汽车前进的动力，即输入轴、输出轴和中间轴。每一个挡位采用两对齿轮啮合。其传动比计算公式为 $i=\frac{n_1}{n_2}\times\frac{n_3}{n_4}=\frac{z_2}{z_1}\times\frac{z_4}{z_3}$。

两轴式变速器输入轴与输出轴平行，无中间轴。由输入轴、输出轴、倒挡轴、轴承、变速齿轮组成。

4. 副变速器类型

副变速器分普通齿轮式和行星齿轮式两种。普通齿轮式副变速器结构简单，传力时齿轮的机械负荷较大；行星齿轮机构同时啮合的齿数多，能传递较大的转矩。

5. 同步器的类型及工作原理

同步器的类型有锁环式惯性同步器和锁销式惯性同步器。同步器工作时使接合套与待啮合齿圈迅速同步，缩短换挡时间，同时防止啮合时齿间冲击。

1) 锁销式同步器的工作原理

锁销式同步器工作时，当接合套受到轴向推力作用时，摩擦锥环向前移动，与锥盘有转速差，产生摩擦作用会使锥环和锁销相对于接合套转过一个角度，锁销中部倒角与接合套孔端的锥面相抵。在同步前，作用在摩擦面的摩擦力矩总是大于切向分力形成的拨销力矩，接合套被锁止不能前移，防止在同步前接合套与齿圈进入啮合。同步后惯性力矩消失，拨销力使锁销、摩擦锥盘和相应的齿轮相对于接合套转过一个角度，锁销与接合套的相应孔对中，接合套克服弹簧的张力压下钢球并沿锁销继续向前移动，顺利地换挡。

2) 锁环式同步器的工作原理

锁环式同步器工作时，锁环具有与齿轮上的摩擦面锥度相同的内锥面以增加摩擦，三个滑块分别嵌合在花键毂的三个轴向槽内，并可沿槽轴向滑动。滑块的两端伸入锁环的三个缺口中。只有当滑块位于缺口的中央时，接合套与锁环的齿方可接合。

6. 变速器操纵机构的类型

变速器操纵机构类型有直接操纵式、半直接操纵式和远距离操纵式。直接操纵式一般用于前置发动机后轮驱动汽车的变速器上，因变速器距离驾驶员座位较近，换挡杆等外操纵机构多集中安装在变速器箱盖上，故结构简单、操纵容易并且准确。远距离操纵式多用于发动机后置和后轮驱动的汽车上，通常汽车变速器距离驾驶员座位较远，变速杆和变速

器之间需要用连杆机构连接，进行远距离操纵。

7. 变速器的锁止装置

变速器的锁止装置包括自锁装置、互锁装置和倒挡锁。自锁防止自动脱挡或换挡。互锁保证变速器不会同时换入两个挡位。倒挡锁防止误换倒挡。

8. 分动器的功用

分动器的功用是将变速器输出的动力分配给各驱动桥，当分动器有两个挡位时兼起副变速器的作用。

13.2 习题与习题详解

13.2.1 本章习题

1. 填空题

(1) 按传动比变化方式不同，变速器可分为_____、_____和综合式变速器。
(2) 有级式变速器主要有_____、_____和_____三种类型。
(3) 按传动齿轮轴的数目不同，变速器可分为_____和_____。
(4) 普通齿轮式变速器是利用不同_____啮合传动实现转速和转矩改变的，即改变传动比。
(5) 主动轴转速与从动轴转速的比值称为_____。
(6) 变速器输入轴与_____相连，输出轴通过凸缘与_____相连。
(7) 在多轴驱动的汽车上，为使动力分配到各驱动桥，需在变速器后装上_____。
(8) 换挡时，为防止同时挂上两个挡而使变速器卡死或损坏，在变速器操纵机构中使用了_____。
(9) 同步器的功用是使_____和_____迅速同步。
(10) 变速器操纵机构根据变速杆距离变速器的远近分为_____、_____和_____。
(11) 惯性同步器的类型包括_____和_____。

2. 选择题（单选或多选）

(1) 两轴式变速器与三轴式变速器相比，少了一个(　　)。
　　A. 输入轴　　　B. 输出轴　　　C. 中间轴　　　D. 倒挡轴
(2) 两轴式变速器的输入轴与输出轴的关系是(　　)。
　　A. 重合　　　B. 垂直　　　C. 平行　　　D. 斜交
(3) 在手动变速器中，按工作轴的数量可分为(　　)。
　　A. 一轴式　　　B. 二轴式　　　C. 三轴式　　　D. 四轴式
(4) 变速器的换挡装置有(　　)几种类型。
　　A. 直齿滑动齿轮换挡　　　　　　B. 结合套换挡
　　C. 同步器换挡　　　　　　　　　D. 锥齿滑动齿轮换挡

(5) 为防止变速器自动挂挡和自动脱挡,并保证各挡位传动齿轮以全齿长啮合,变速器中采用了( )。
    A. 自锁装置   B. 互锁装置   C. 倒挡锁   D. 差速锁

(6) 按有级式变速器所用齿轮轮系形式不同,可以分为( )。
    A. 轴线固定式   B. 轴线旋转式   C. 轴线移动式   D. 全部都有

(7) 根据传动比变化方式的不同,变速器可分为( )。
    A. 有级式变速器   B. 无级式变速器   C. 综合式变速器   D. 组合式变速器

(8) 组合式变速器包括( )。
    A. 主变速器   B. 副变速器   C. 分动器   D. 差速器

(9) 重型货车上,为避免变速器的结构过于复杂,一般以 1~2 种四挡或五挡变速器为主体,通过更换齿轮副或配置不同的( ),得到一组不同挡数不同传动比范围的变速器系列。
    A. 变速器   B. 副变速器   C. 安全装置   D. 主减速器

(10) 在一些轿车上,为了使变速杆的位置靠近驾驶员,在拨叉轴的后部伸出端增设杆件与变速器连接,形成( )操纵形式。
    A. 直接   B. 半直接   C. 远距离   D. 非直接

(11) 用于多轴越野车上的分动器,当有两个挡位时兼起( )作用。
    A. 变速器   B. 副变速器   C. 安全装置   D. 主减速器

(12) 轿车和轻型货车的变速器中多采用( )同步器。
    A. 锁环式   B. 锁止式   C. 锁销式   D. 摩擦式

(13) 三轴式变速器的输入轴与输出轴的关系是( )。
    A. 同一直线   B. 垂直   C. 平行   D. 斜交

(14) 中、重型汽车上的变速器中多采用( )同步器。
    A. 锁环式   B. 锁止式   C. 锁销式   D. 摩擦式

3. 判断改错题

(1) 变速器的挡位越高,传动比越大,汽车的行驶速度越高。( )
改正:

(2) 无同步器的变速器,在换挡时,从高速挡换到低速挡,与从低速挡换到高速挡,其换挡过程是不同的。( )
改正:

(3) 变速器在换挡时,为防止自动脱挡,必须装设互锁装置。( )
改正:

(4) 东风 EQ1090E 型汽车变速器的互锁装置中,两个互锁钢球的直径之和正好等于相邻两根拨叉轴间的距离加上一个凹槽的深度。( )
改正:

(5) 东风 EQ1090E 型汽车变速器的互锁装置中,互锁销的长度恰好等于拨叉轴的直径减去一个凹槽的深度。( )
改正:

(6) 与锁销式同步器相比,锁环式同步器允许采用直径较大的摩擦锥面。( )
改正:

(7) 两轴式变速器只有两根轴。（　　）

改正：

(8) 切薄齿式防止自动跳挡是根据结合齿圈与结合套齿端部为斜面接触，产生垂直斜面的正压力，其向左的分力即为防止跳挡的轴向力。（　　）

改正：

(9) 无同步器的变速器中，在换挡时，同步器所起的作用由驾驶员通过两脚离合来完成。（　　）

改正：

(10) 在发动机后置和后轮驱动的汽车上，通常汽车变速器距离驾驶员座位较远，变速杆和变速器之间通常需要用连杆机构连接，进行远距离操纵。（　　）

改正：

4. 名词解释

(1) 传动比；(2) 组合式变速器；(3) 自锁装置；(4) 同步器；(5) 超速挡

5. 问答题

(1) 画出 EQ1141G 型三轴五挡变速器的结构简图。
(2) 变速器的功用是什么？
(3) 什么是多级齿轮传动的传动比？
(4) 变速器为什么要装同步器？
(5) 简述锁销式惯性同步器的工作原理。
(6) 变速器操纵机构锁止装置有哪些？

13.2.2　习题详解

1. 填空题

(1) 有级式变速器　无级式变速器
(2) 手动变速器　自动变速器　液力机械式变速器
(3) 两轴式　三轴式
(4) 齿数的齿轮
(5) 传动比
(6) 离合器　传动轴
(7) 分动器
(8) 互锁装置
(9) 接合套　待啮合齿圈
(10) 直接操纵式　半直接操纵式　远距离操纵式
(11) 锁环式　锁销式

2. 选择题（单选或多选）

(1) C　　　(2) C　　　(3) BC　　　(4) ABC　　　(5) A　　　(6) AB
(7) ABC　　(8) AB　　　(9) B　　　(10) B　　　(11) B　　　(12) A
(13) A　　　(14) C

3. 判断改错题

(1) (×)。改正：将"传动比越大"改为"传动比越小"
(2) (√)。
(3) (×)。改正：将"互锁"改为"自锁"
(4) (√)。
(5) (√)。
(6) (×)。改正：将"直径较大"改为"径向尺寸小"
(7) (×)。改正：将"两根轴"改为"三根轴"
(8) (×)。改正：将"切薄齿式"改为"斜面齿式"
(9) (√)。
(10) (√)。

4. 名词解释

(1) 传动比：主动轴转速与从动轴转速的比值。
(2) 组合式变速器：一般以 1～2 种四挡或五挡变速器为主体，通过更换齿轮副或配置不同的副变速器，得到一组不同挡数不同传动比范围的变速器。
(3) 自锁装置：挂挡后能保证接合套与接合齿圈全部啮合的装置。在振动等条件影响下，能保证变速器不自行挂挡或自行脱挡。
(4) 同步器：使接合套与准备进入啮合的齿圈之间迅速同步，并防止在达到同步之前进行啮合的装置。
(5) 超速挡：传动比 $i<1$ 的挡位称为超速挡。

5. 问答题

(1) 答：

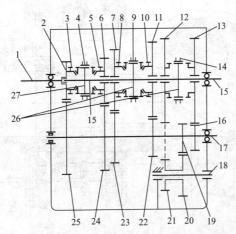

图 13.1　EQ1141G 型三轴五挡变速器结构简图

1—第一轴(输入轴)　2—第一轴常啮合传动齿轮　3—第一轴齿轮接合齿圈　4、9、14—接合套　5—四挡齿轮接合齿圈　6—第二轴四挡齿轮　7—第二轴三挡齿轮　8—三挡齿轮接合齿圈　10—二挡齿轮接合齿圈　11—第二轴二挡齿轮　12—第二轴倒挡齿轮　13—第二轴一挡齿轮　14—接合套　15—第二轴(输出轴)　16—中间轴一挡齿轮　17—中间轴　18—倒挡轴　19—中间轴倒挡齿轮　20—倒挡大齿轮　21—倒挡小齿轮　22—中间轴二挡齿轮　23—中间轴三挡齿轮　24—中间轴四挡齿轮　25—中间轴常啮合传动齿轮　26、27—花键毂

(2) 答：
① 改变传动比，在较大范围内改变汽车的行驶速度和汽车驱动轮上的转矩数值；
② 在汽车发动机旋转方向不变的前提下，利用倒挡实现汽车倒向行驶；
③ 在发动机不熄火的情况下，利用空挡中断动力传递，可以使驾驶员松开离合器踏板离开驾驶位置，且便于汽车起动、怠速、换挡和动力输出。

(3) 答：
$$i_{1,2} = \frac{n_1}{n_2} = \frac{\text{所有从动齿轮齿数的乘积}}{\text{所有主动齿轮齿数的乘积}} = \text{各级齿轮传动比的连乘积}$$

(4) 答：若汽车变速器没有同步器，变速器在换挡时由于待啮合齿轮圆周速度的差异会产生轮齿或花键间的冲击，甚至不能换挡。在这种条件，两脚离合是驾驶员的一项必备技术。这需要进行较复杂的操作，并应在较短时间内迅速而准确地完成，即使技术很熟练的驾驶员，也易造成疲劳。因此，必须在变速器结构上进行改进，既保证换挡平顺，又使操作简化，减轻劳动强度。同步器就是在这样的背景下产生的。

(5) 答：如图 13.2 所示，当接合套 5 受到轴向推力作用时，摩擦锥环 3 向前移动，与摩擦锥盘 2 有转速差，产生摩擦作用会使锥环和锁销 8 相对于接合套转过一个角度，锁销中部倒角与接合套孔端的锥面相抵。

在同步前，作用在摩擦面的摩擦力矩总是大于切向分力形成的拨销力矩，接合套被锁止不能前移，防止在同步前接合套与齿圈进入啮合。

同步后惯性力矩消失，拨销力使锁销、摩擦锥盘和相应的齿轮相对于接合套转过一个角度，锁销与接合套的相应孔对中，接合套克服弹簧 11 的张力压下钢球 10 并沿锁销继续向前移动，顺利地换挡。

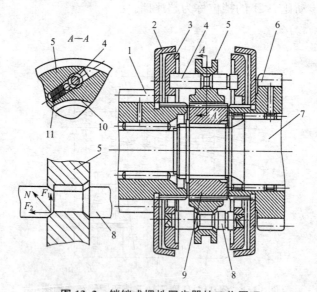

图 13.2 锁销式惯性同步器的工作原理
1—第一轴齿轮；2—摩擦锥盘；3—摩擦锥环；4—定位销；5—接合套；
6—第二轴四挡齿轮；7—第二轴；8—锁销；
9—花键毂；10—钢球；11—弹簧

(6) 答：自锁防止自动脱挡；互锁防止同时挂入两个挡；倒挡锁防止误挂倒挡。

第14章 自动变速器

14.1 学习指导

14.1.1 本章基本内容与要点

本章基本内容：自动变速器的分类、组成；液力耦合器的结构、工作过程、液力变矩器的结构和工作原理；三元件液力变矩器、四元件液力变矩器和带锁止离合器的液力变矩器结构及工作原理；单排行星齿轮及双排行星齿轮的结构和工作原理；CVT 组成和工作原理。

本章要点：自动变速器的分类、组成；液力耦合器的组成、工作原理；液力变矩器的组成及工作原理，行星齿轮机构组成；单排行星齿轮机构工作原理；CVT 组成及动力传递路线。

14.1.2 名词术语

1. 液力变矩器的变矩系数：液力变矩器输出转矩与输入转矩（即泵轮转矩 T_b）之比称为变矩系数，用 K 表示，$K=\dfrac{T_w}{T_b}$。

2. 液力变矩器的传动比：输出转速（即涡轮转速 n_w）与输入转速（即泵轮转速 n_b）之比，即 $i=\dfrac{n_w}{n_b}\leqslant 1$。

14.1.3 分类、组成及基本工作原理

1. 自动变速器（AT）分类与组成

按齿轮变速机构分为平行轴式和行星齿轮式两种；按传动比变化是否连续可以分为有级式自动变速器和无级式自动变速器；按控制方式可以分为液控液力自动变速器和电控液

力自动变速器。

自动变速器主要由液力变矩器、行星齿轮机构、液力控制系统、电子控制系统等几部分组成。

2. 液力耦合器的组成及工作原理

液力耦合器包括壳体、泵轮和涡轮。泵轮刚性连接在外壳上，与曲轴飞轮一起旋转。涡轮连接在从动轴上。

液力耦合器的泵轮和涡轮组成一个可使液体循环流动的密闭工作腔，泵轮装在输入轴上，涡轮装在输出轴上。发动机曲轴带动泵轮旋转时，在离心力作用下，液体被甩出。这种高速液体进入涡轮后即推动涡轮旋转，将从泵轮获得的能量传递给输出轴。最后液体返回泵轮，形成周而复始的流动。液力耦合器靠液体与泵轮、涡轮的叶片相互作用所产生的动量矩的变化来传递转矩。它只能传递转矩，不能改变转矩大小。

3. 液力变矩器的组成及工作原理

液力变矩器由泵轮、涡轮及固定不动的导轮三个元件组成。

发动机起动后，曲轴带动泵轮旋转，因旋转产生的离心力使泵轮叶片间的工作液沿叶片从内缘向外缘甩出；这部分工作液既具有随泵轮一起转动的圆周向的分速度，又有冲向涡轮的轴向分速度。这些工作液冲击涡轮叶片，推动涡轮与泵轮同方向转动。固定不动的导轮给涡轮一个反作用力矩，使涡轮输出的转矩不同于泵轮输入的转矩。汽车起步工况，涡轮转速为零，工作液在泵轮叶片带动下，以一定速度冲向涡轮叶片；因涡轮静止不动，液流将沿涡轮叶片流出并冲向导轮；液流再从固定不动的导轮叶片流入泵轮中。汽车起步并开始加速，涡轮转速逐渐增加，从涡轮冲向导轮叶片液流的绝对速度 v 是沿涡轮叶片方向的相对速度 w 与沿着涡轮圆周方向的牵连速度 u 的合成。设泵轮转速不变，则涡轮出口处相对速度 w 不变，而涡轮转速逐渐增加，使牵连速度 u 增加。冲向导轮叶片液流的绝对速度 v 将随着牵连速度 u 的增加而逐渐向左倾斜，使导轮上所受转矩值逐渐减小。当涡轮转速增大到某一值，由涡轮流出的液流正好沿导轮出口方向冲向导轮时，由于液体流经导轮时方向不变，故导轮转矩为零，于是涡轮转矩和泵轮转矩相等。若涡轮转速继续增大，液流绝对速度的方向继续向左倾斜，导轮转矩方向与泵轮转矩方向相反，则涡轮转矩为泵轮转矩与导轮转矩之差，即变矩器输出转矩反而比输入转矩小。当涡轮转速增大到与泵轮转速相等时，工作液在循环圆中的流动停止，此时不能传递动力。

4. 行星齿轮机构的组成及工作原理

行星齿轮机构由太阳轮(中心轮)、行星齿轮、行星齿轮架(通常简称为行星架)、齿圈等组成。

单排行星齿轮机构的工作原理为：在太阳轮、齿圈和行星架三个元件中，可使两个作为主动件和从动件，而使另一个固定不动，或使其运动受到约束，则整个轮系会以一定传动比传递动力。太阳轮、齿圈与行星齿轮架三者任意一对可作为传动件：行星架被固定时，太阳轮、齿圈转速相反，可作为倒挡；若有两个被固定在一起，则第三个的速度与前两个相同，传动比为1；若三个均为自由转动，则行星齿轮不能传动，相当于空挡。

5. 无级变速器(CVT)的组成及工作原理

CVT由金属带、主动工作轮、从动工作轮、液力泵、起步离合器和控制系统等组成。

发动机发出的动力经飞轮、离合器、主动工作轮、金属带、从动工作轮后传给中间减速器，再经主减速器与差速器，最后传给驱动轮。

工作时通过主动轮与从动轮的可动盘作轴向移动来改变主动轮、从动轮锥面与V形传动带啮合的工作半径，从而改变传动比。可动盘的轴向移动量是由ECU根据发动机的转速、车速、节气门开度等信号，通过控制系统调节主动轮、从动轮液压泵油缸压力来实现的。由于主动轮和从动轮的工作半径可以实现连续调节，从而实现无级变速。

14.2　习题与习题详解

14.2.1　本章习题

1. 填空题

（1）_____是指汽车驾驶中离合器的操纵和变速器的操纵都实现了自动化，简称AT。

（2）自动变速器按控制方式的不同，可以分为_____和_____。

（3）自动变速器主要由_____、_____、液力控制装置和_____等几部分组成。

（4）与液力变矩器相比，液力耦合器只能传递转矩，而不起_____的作用。

（5）与液力耦合器相比，液力变矩器除有泵轮、涡轮外，还增加_____。

（6）由于液力变矩器变矩比不大，变速范围不宽，故应在其后加装一个_____。

（7）单排行星齿轮机构由_____、_____、_____和_____组成。

（8）无级变速器，简称_____，是汽车上理想的传动系统。

（9）行星齿轮变速器换挡执行元件包括_____、_____、单向离合器和_____。

2. 选择题（单选或多选）

（1）与机械变速器相比自动变速器的特点是（　　）。
　　A. 实现自动换挡
　　B. 采用液力元件，消除了动力传动的动载荷
　　C. 自动适应道路阻力的变化，提高汽车的平均速度及动力性
　　D. 汽车能以很低的速度稳定行驶，提高车辆的通过性

（2）液力耦合器的功用为（　　）。
　　A. 传递转矩　　　　　　　　　　B. 改变转矩的大小
　　C. 衰减传动系的扭转振动　　　　D. 防止传动系过载

（3）液力变矩器的优点为（　　）。
　　A. 允许泵轮和涡轮之间有很大的转速差　B. 能够保证汽车平稳起步和加速
　　C. 衰减传动系的扭转振动　　　　　　　D. 防止传动系过载

（4）液力变矩器的输出转矩可以根据涡轮的转速变化，具体为（　　）。
　　A. 涡轮速度低——输出转矩大于输入转矩（泵轮转矩）
　　B. 涡轮速度等于一定值——输出转矩等于泵轮转矩
　　C. 涡轮速度高——输出转矩大于泵轮转矩

D. 涡轮速度等于泵轮速度——不传递转矩

(5) 在太阳轮、齿圈和行星架三个元件中，若三个均为自由转动，则相当于（　　）。
  A. 前进挡　　　　B. 倒挡　　　　C. 空挡　　　　D. 直接挡

(6) （　　）采用传动带和工作直径可变的主、从动轮相配合传递动力。
  A. CVT　　　　B. AT　　　　C. AMT　　　　D. MT

3. 判断改错题

(1) 液力耦合器和液力变矩器均属于动液传动装置。（　　）
改正：

(2) 液力变矩器传递转矩但不能改变转矩大小。（　　）
改正：

(3) 只有当泵轮与涡轮的转速不相等时，液力耦合器才能起传动作用。（　　）
改正：

(4) 汽车在运行中，液力耦合器可以使发动机与传动系彻底分离。（　　）
改正：

4. 名词解释

(1) 液力变矩器的变矩系数
(2) 液力变矩器的传动比

5. 问答题

(1) 简述液力耦合器的工作原理。
(2) 简述单排行星齿轮机构的工作原理。
(3) 简述CVT的基本工作原理。

14.2.2 习题详解

1. 填空题

(1) 自动变速器
(2) 液控液力自动变速器　电控液力自动变速器
(3) 液力变矩器　行星齿轮变速器　电子控制系统
(4) 改变转矩大小
(5) 导轮
(6) 机械变速器
(7) 太阳轮　齿圈　行星架　行星齿轮
(8) CVT
(9) 换挡离合器　换挡制动器　锁止离合器

2. 选择题（单选或多项）

(1) ABCD　　(2) ACD　　(3) ABCD　　(4) ABD　　(5) C　　(6) A

3. 判断改错题

(1) (√)。

(3) (√)。

(4) (×)。改正：将"可以"改为"不能"

4．名词解释

(1) 液力变矩器的变矩系数：液力变矩器输出转矩（即涡轮转矩 T_w）与输入转矩（即泵轮转矩 T_b）之比称为变矩系数，用 K 表示，$K=\dfrac{T_w}{T_b}$。

(2) 液力变矩器的传动比：输出转速（即涡轮转速 n_w）与输入转速（即泵轮转速 n_b）之比，即 $i=\dfrac{n_w}{n_b}\leqslant 1$。

5．问答题

(1) 答：液力耦合器的泵轮和涡轮组成一个可使液体循环流动的密闭工作腔，泵轮装在输入轴上，涡轮装在输出轴上。发动机曲轴带动泵轮旋转时，在离心力作用下，液体被甩出。这种高速液体进入涡轮后即推动涡轮旋转，将从泵轮获得的能量传递给输出轴。最后液体返回泵轮，形成周而复始的流动。液力耦合器靠液体与泵轮、涡轮的叶片相互作用所产生的动量矩的变化来传递转矩。它只能传递转矩，不能改变转矩大小。

(2) 答：在太阳轮、齿圈和行星架三个元件中，可使两个作为主动件和从动件，而使另一个固定不动，或使其运动受到约束，则整个轮系会以一定传动比传递动力。

太阳轮、齿圈与行星齿轮架三者任意一对可作为传动件：

行星架被固定时，太阳轮、齿圈转速相反，可作为倒挡；

若有两个被固定在一起，则第三个的速度与前两个相同，传动比为1；

若三个均为自由转动，则行星齿轮不能传动，相当于空挡。

(3) 答：工作时通过主动轮与从动轮的可动盘作轴向移动来改变主动轮、从动轮锥面与V形传动带啮合的工作半径，从而改变传动比。可动盘的轴向移动量是由ECU根据发动机的转速车速、节气门开度等信号，通过控制系统调节主动轮、从动轮液压泵油缸压力来实现的。由于主动轮和从动轮的工作半径可以实现连续调节，从而实现了无级变速。汽车开始起步时，主动轮的工作半径较小，变速器可以获得较大的传动比，从而保证驱动桥能够有足够的转矩来保证汽车有较高的加速度。随着车速的增加，主动轮的工作半径逐渐增大，从动轮的工作半径相应减小，CVT的传动比下降，使得汽车能够以更高的速度行驶。

第15章 万向传动装置

15.1 学习指导

15.1.1 本章基本内容与要点

本章基本内容：万向传动装置的组成及其在汽车上的应用；万向节的类型；十字轴式刚性万向节的构造及其传动的不等速性，双万向节传动的等速条件；双联式万向节、三销轴式万向节的组成及工作原理；等速万向节的基本原理；球叉式万向节、球笼式万向节的组成及工作原理；挠性万向节在汽车上的应用；传动轴和中间支承的基本结构。

本章要点：万向传动装置的组成及其在汽车上的具体应用；十字轴式刚性万向节的结构和特性；准等速万向节和等速万向节的结构类型与工作原理。

15.1.2 名词术语

1. 不等速万向节：单个万向节在输入轴和输出轴之间有夹角的情况下，其两轴的角速度是不相等的。主动轴以等角速转动，而从动轴则是时快时慢。
2. 准等速万向节：根据双万向节实现等速传动的原理而设计的，可保证万向节两轴间的角速度接近相等，差值在容许范围内。
3. 等速万向节：能在结构上保证万向节在工作过程中的传力点永远位于两轴交点的平分面上，可使两万向节叉保持等角速的关系。

15.1.3 分类、组成及基本工作原理

1. 万向传动装置的组成及应用

万向传动装置一般由万向节和传动轴组成，有的还加装中间支承。

万向传动装置的应用为：(1)用于发动机前置后轮驱动汽车的变速器与驱动桥之间；(2)用于多轴驱动越野汽车的变速器与分动器、分动器与驱动桥之间；(3)转向驱动桥与驱动轮之间；(4)用于动力输出装置和转向操纵机构。

2. 万向节的分类

万向节按其在扭转方向上是否有明显的弹性，可分为刚性万向节和挠性万向节。刚性万向节又可分为不等速万向节(十字轴式)、准等速万向节(双联式、三销轴式等)和等速万向节(球叉式、球笼式等)。

3. 单个十字轴式刚性万向节传动的不等速性

十字轴式刚性万向节由万向节叉、十字轴、滚针轴承等组成。

单个十字轴式刚性万向节在输入轴和输出轴之间有夹角的情况下，其两轴的角速度是不相等的。主动轴以等角速转动，而从动轴则是时快时慢，此即单个十字轴万向节在有夹角时传动的不等速性。必须注意的是，所谓"传动的不等速性"，是针对从动轴在一周中角速度不均而言，而主、从动轴的平均转速是相等的，即主动轴转过一周从动轴也转过一周。

两轴交角越大，转角差越大，即万向节传动的不等速性越严重。单万向节传动的不等速性将使从动轴及与其相连的传动部件产生扭转振动，从而产生附加的交变载荷，影响部件寿命。

4. 双万向节传动的等速条件

采用双万向节传动，则第一万向节的不等速效应就有可能被第二万向节的不等速效应抵消，可实现两轴间的等角速传动，要达到这一要求，必须满足以下两个条件：①第一万向节两轴间夹角与第二万向节两轴间夹角相等；②第一万向节的从动叉与第二万向节的主动叉处于同一平面内。

5. 准等速万向节

1) 双联式万向节

双联式万向节实际上是一套传动轴长度缩减至最小的双万向节准等速传动装置。双联叉相当于两个在同一平面上的万向节叉。在双联式万向节结构中装有分度机构，以保证双联叉的对称线平分所连两轴的夹角。当一个万向节叉相对另一个万向节叉在一定角度范围内摆动时，双联叉也被带动偏转相应角度，使两十字轴中心连线与两万向节叉的轴线的交角差值很小，从而保证两轴角速度接近相等，其差值在容许范围内，故双联式万向节具有准等速性。

双联式万向节允许有较大的轴间夹角，且具有结构简单、制造方便、工作可靠等优点，故在转向驱动桥中的应用逐渐增多。

2) 三销轴式万向节

三销轴式万向节由偏心轴叉、三销轴、轴承、密封件等组成。三销轴式万向节是由双联式万向节演变而来的准等速万向节。三销轴式万向节的最大特点是允许两轴有较大的夹角，最大可达45°。

6. 等速万向节

等速万向节的基本原理是，从结构上保证万向节在工作过程中的传力点永远位于两轴交点的平分面上。广泛应用的主要有球叉式万向节和球笼式万向节。

1) 球叉式万向节

球叉式万向节由主动叉、从动叉、中心钢球、定位销、传动钢球等组成。

主动叉和从动叉凹槽的中心线是两个半径相等的圆，而两个圆的圆心与万向节中心的距离相等。因此，在主动轴和从动轴以任何角度相交的情况下，传动钢球中心都位于两圆的交点上，即所有传动钢球都位于角平分面上，因而保证了等角速的传动。

球叉式万向节结构简单，允许最大交角为 32°~33°，一般应用于转向驱动桥中。

2) 球笼式万向节

球笼式万向节分为伸缩型球笼式万向节(VL节)、不能伸缩型球笼式万向节(RF节)两种。球笼式万向节由球形壳、保持架、钢球、星形套等组成。

球笼式万向节外滚道的中心与内滚道的中心分别位于万向节中心的两边，且与万向节中心等距离。钢球中心到外滚道的中心与内滚道的中心距离也相等。保持架的内外球面、星形套的外球面和球形壳的内球面，均以万向节中心为球心。因此，当两轴交角变化时，保持架可沿内、外球面滑动，以保持钢球在一定位置，传力钢球都位于两轴交角平分面上。此时，钢球到主动轴和从动轴的距离相等，从而保证了从动轴与主动轴以相等的角速度旋转。

球笼式等角速万向节在两轴最大交角达 47° 的情况下，仍可传递转矩，且在工作时，无论传动方向如何，6 个钢球全部传力。

15.2 习题与习题详解

15.2.1 本章习题

1. 填空题

(1) 万向传动装置除用于汽车的传动系统外，还可用于动力输出装置和_____。

(2) 根据万向节在扭转方向上是否有明显的弹性，可分为_____和挠性万向节。

(3) 在万向传动装置中，刚性万向节可分为不等速万向节、_____和等速万向节三大类。

(4) 目前采用较广泛的等速万向节为球笼式和_____。

(5) 球笼式万向节结构中有_____个钢球，正转时有_____个钢球传力，反转时有_____个钢球传力。

(6) 为了得到较高强度和刚度的传动轴，传动轴多做成_____。

(7) 传动轴过长时，自振频率降低，易产生共振，故常将其分为两段并加_____。

(8) 十字轴万向节传动具有不等速性，即主动轴转过一周，从动轴转过_____。

(9) 十字轴式万向节的损坏是以_____和_____的磨损为标志的。

2. 看图填空题

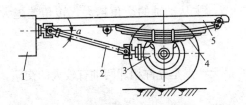

图 15.1　变速器与驱动桥之间的万向传动装置

(1) ＿＿＿＿＿　(2) ＿＿＿＿＿　(3) ＿＿＿＿＿　(4) ＿＿＿＿＿
(5) ＿＿＿＿＿

3. 选择题(单选或多选)

(1) 汽车万向传动装置的组成有(　　)。
　　A. 齿轮　　　　B. 万向节　　　C. 传动轴　　　D. 中间支承
(2) 下面万向节中属于准等速万向节的是(　　)。
　　A. 球笼式　　　B. 十字轴式　　C. 双联式　　　D. 三销轴式
(3) 下面万向节中属于不等速万向节的是(　　)。
　　A. 十字轴式　　B. 球笼式　　　C. 三销轴式　　D. 双联式
(4) 下面万向节中属于等速万向节的是(　　)。
　　A. 十字轴式　　B. 球笼式　　　C. 球叉式　　　D. 双联式
(5) 目前汽车传动系中应用最多的是十字轴式万向节,它允许两轴最大交角为(　　)。
　　A. 15°～20°　　B. 0°～15°　　C. 20°～30°　　D. 30°～35°
(6) 十字轴式不等速万向节,当主动轴转过一周时,从动轴转过(　　)。
　　A. 大于一周　　B. 小于一周　　C. 一周　　　　D. 不一定
(7) 球叉式等角速万向节反向工作时,是(　　)钢球参加传力。
　　A. 中心　　　　B. 两个　　　　C. 三个　　　　D. 四个
(8) 球叉式万向节结构简单,允许两轴最大交角为(　　),一般应用于转向驱动桥中。
　　A. 16.5°左右　B. 26.5°左右　C. 46.5°左右　D. 32°左右
(9) 下面万向节中主、从轴交角最大的是(　　)。
　　A. 球叉式　　　B. 球笼式　　　C. 三销轴式　　D. 双联式
(10) 等速万向节的基本原理是从结构上保证在工作过程中的传力点永远位于两轴交角的(　　)。
　　A. 平面上　　　B. 垂直面上　　C. 平分面上　　D. 平行面上
(11) 为了得到较高的强度和刚度,传动轴多做成(　　)。
　　A. 空心的　　　B. 实心的　　　C. 半空、半实的　　D. 都可以

4. 判断改错题

(1) 挠性万向节的动力是靠零件铰链式连接传递的,刚性万向节的动力是靠弹性零件

传递的。（　　）

改正：

（2）十字轴式刚性万向节，主从动轴的交角越大，转角差越大，即万向节传动的不等速性越严重。（　　）

改正：

（3）三销轴式万向节的最大特点是允许相邻两轴有较大的交角，最大可达35°。（　　）

改正：

（4）等速万向节基本原理是从结构上保证万向节在工作过程中的传力点永远位于两轴交点平分面上。（　　）

改正：

（5）伸缩型球笼式万向节在转向驱动桥中均布置在靠传动器一侧，而轴向不能伸缩的球笼式万向节则布置在转向节处。（　　）

改正：

（6）挠性万向节依靠其中弹性件的弹性变形来保证在相交两轴间传动时不发生机械干涉。（　　）

改正：

（7）为了得到较高的强度和刚度，传动轴多做成实心的，一般用厚度为1.5～3.0mm的薄钢板卷焊而成。（　　）

改正：

（8）在转向驱动桥、断开式驱动桥或微型汽车的万向传动装置中，通常将传动轴制成实心轴。（　　）

改正：

（9）传动轴分段时须加中间支承。（　　）

改正：

5．名词解释

（1）不等速万向节

（2）准等速万向节

（3）等速万向节

6．问答题

（1）万向传动装置在汽车上主要应用在哪些位置？

（2）试分析单十字轴式刚性万向节传动的不等速性。

（3）双十字轴式万向节实现准等速传动的条件是什么？

（4）十字轴式刚性万向节的滚针轴承在工作中其滚针做何种运动？

（5）球叉式与球笼式等速万向节在应用上有何差别？为什么？

（6）试分析三轴驱动越野汽车的中、后桥两种驱动形式的优缺点。

（7）前转向驱动桥中，靠变速器一侧布置的伸缩型球笼式万向节（VL节）可否去掉？VL节与RF节的位置可否对调？为什么？

（8）等速万向节等速传动的基本原理是什么？

15.2.2 习题详解

1. 填空题

(1) 转向操纵机构

(2) 刚性万向节

(3) 准等速万向节

(4) 球叉式

(5) 6   6   6

(6) 空心的

(7) 中间支承

(8) 一周

(9) 十字轴轴颈　滚针轴承

2. 看图填空题

(1) 变速器　　(2) 万向传动装置　　(3) 驱动桥　　(4) 后悬架　　(5) 车架

3. 选择题（单选或多选）

(1) BCD　　(2) CD　　(3) A　　(4) BC　　(5) A　　(6) C

(7) B　　(8) D　　(9) B　　(10) C　　(11) A

4. 判断改错题

(1) (×)。改正："挠性"改为"刚性"，"刚性"改为"挠性"

(2) (√)。

(3) (×)。改正："35°"改为"45°"

(4) (√)。

(5) (√)。

(6) (√)。

(7) (×)。改正："实心"改为"空心"

(8) (√)。

(9) (√)。

5. 名词解释

(1) 不等速万向节：单个万向节在输入轴和输出轴之间有夹角的情况下，其两轴的角速度是不相等的。主动轴以等角速转动，而从动轴则是时快时慢。

(2) 准等速万向节：根据双万向节实现等速传动的原理而设计的，可保证万向节两轴间的角速度接近相等，差值在容许范围内。

(3) 等速万向节：能在结构上保证万向节在工作过程中的传力点永远位于两轴交点的平分面上，可使两万向节叉保持等角速的关系。

6. 问答题

(1) 答：用于发动机前置后轮驱动汽车的变速器与驱动桥之间；用于多轴驱动越野汽

车的变速器与分动器、分动器与驱动桥之间；转向驱动桥与驱动轮之间；用于动力输出装置和转向操纵机构。

(2) 答：单个十字轴式刚性万向节在输入轴和输出轴之间有夹角的情况下，其两轴的角速度是不相等的。下面就单万向节传动过程中的两个特殊位置进行运动分析，说明它传动的不等速性。

主动叉在垂直位置，并且十字轴平面与主动轴垂直的情况（图 15.2(a)）。主动叉与十字轴连接点 a 的线速度 v_a 在十字轴平面内；从动叉与十字轴连接点 b 的线速度 v_b 在与主动叉平行的平面内，并且垂直于从动轴。点 b 的线速度 v_b 可分解为在十字轴平面内的速度 v_b' 和垂直于十字轴平面的速度 v_b''。由速度直角三角形可以看出，在数值上 $v_b > v_b'$。十字轴各轴长相等，即 $oa = ob$。当万向节传动时，十字轴是绕 o 点转动的，其上 a、b 两点于十字轴平面内的线速度在数值上应相等，即 $v_b' = v_a$。因此，$v_b > v_a$。由此可知，当主、从动叉转到所述位置时，从动轴的转速大于主动轴的转速。

主动叉在水平位置，并且十字轴平面与从动轴垂直时的情况（图 15.2(b)）。根据与上述同样的道理，在数值上，$v_a > v_a'$，而 $v_a' = v_b$。因此，$v_a > v_b$，即当主、从动叉转到所述位置时，从动轴转速小于主动轴转速。

由上述两个特殊情况的分析可以看出，十字轴式万向节在传动过程中，主、从动轴的转速是不相等的。

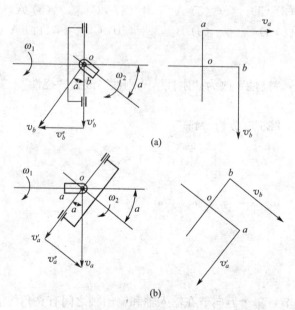

图 15.2 单十字轴式万向节传动的不等速性

(3) 答：第一万向节两轴间的夹角与第二万向节两轴间的夹角相等；第一万向节的从动叉与第二万向节的主动叉在同一平面内。

(4) 答：来回往复转动。

(5) 答：球叉式万向节结构简单，允许最大交角为 32°～33°，一般应用于转向驱动桥中，球叉式万向节工作时，只有两个钢球传力，反转时，则由另两个钢球传力。因此，钢球与曲面凹槽之间的单位压力较大，磨损较快，影响使用寿命。球笼式等角速万向节在两轴最大交角达 47°的情况下，仍可传递转矩，且在工作时，无论传动方向如何，6 个钢球全部传力。与球叉式万向节相比，其承载能力强，结构紧凑，拆装方便，因此应用越来越广泛。

（6）答：在三轴驱动的越野汽车中，中、后桥的驱动形式有两种，即贯通式和非贯通式。若采用非贯通式结构时，其后桥传动轴前端必须设置中间支承，并常将其固定于中驱动桥壳上，转向灵活；而采用贯通式结构，中驱动桥和后驱动桥之间需要采用万向传动装置，不须中间支承，但灵活性稍差。

（7）答：VL 节不可以去掉。其作用是传递转矩过程中省去必需的滑动花键，使结构简单，滑动阻力小。VL 节与 RF 节不可以对调，因为是根据轴能否伸缩而确定其位置的。若采用伸缩型球笼式万向节在转向驱动桥中均布置在靠变速器一侧（内侧），而轴向不能伸缩的球笼式万向节则布置在转向节处（外侧）。

（8）答：等速万向节的基本原理是，从结构上保证万向节在工作过程中的传力点永远位于两轴交点的平分面上。

第16章 驱动桥

16.1 学习指导

16.1.1 本章基本内容与要点

本章基本内容：驱动桥的功用及组成；驱动桥的类型；主减速器的功用及类型；单级主减速器的结构特点，齿轮啮合间隙的调整方法，准双曲面齿轮的特点；双级主减速器、轮边主减速器、双速主减速器、贯通式主减速器的结构特点和应用；对称式锥齿轮差速器的组成，差速器的工作原理，对称式锥齿轮差速器中的转矩分配；强制锁止式差速器的结构及工作原理，高摩擦自锁止式差速器的组成及工作原理，托森差速器的组成及工作原理，黏性联轴差速器的结构及工作原理；半轴的支承形式；驱动桥壳的功用，驱动桥壳的分类。

本章要点：主减速器的功用及类型；单级主减速器的结构特点和应用情况；差速器的作用、构造及工作原理；半轴的主要支承形式。

16.1.2 名词术语

1. **非断开式驱动桥**：半轴套管与主减速器壳刚性连成一体，两侧的半轴和驱动轮不可能在横向平面内做相对运动，故称这种驱动桥为非断开式驱动桥，也称为整体式驱动桥。

2. **断开式驱动桥**：主减速器壳固定在车架上，驱动桥壳制成分段并通过铰链连接，这种驱动桥称为断开式驱动桥。

3. **轮边减速器**：在双级式主减速器中，若第二级减速器齿轮置于两侧车轮附近，实际上成为独立部件，则称为轮边减速器。

4. **上偏移**：从大齿轮锥顶看，并把小齿轮置于右侧，如果小齿轮轴线位于大齿轮中心线之上为上偏移。

5. 下偏移：从大齿轮锥顶看，并把小齿轮置于右侧，如果小齿轮轴线位于大齿轮中心线之下为下偏移。

6. 贯通式驱动桥：前面（或后面）两驱动桥的传动轴是串联的，传动轴从距分动器较近的驱动桥中穿过，通往另一驱动桥，这种布置方案的驱动桥称为贯通式驱动桥。

7. 差速器：能使同一桥两侧车轮以不同角速度转动的装置，称为差速器，也称为轮间差速器。

8. 差速器锁紧系数：差速器内摩擦力矩和其输入转矩之比，称为差速器锁紧系数。

9. 转矩比：快慢半轴的转矩之比，称为转矩比。

16.1.3 分类、组成及基本工作原理

1. 驱动桥

驱动桥的功用是将万向传动装置传来的发动机转矩通过主减速器、差速器、半轴等传到驱动车轮，实现降速增大转矩，通过主减速器圆锥齿轮副改变转矩的传递方向；通过差速器实现两侧车轮差速作用，满足内、外侧车轮以不同转速转动的需要。

驱动桥的类型有断开式驱动桥和非断开式驱动桥两种。

驱动桥由主减速器、差速器、半轴和驱动桥壳等组成。

2. 主减速器

主减速器的功用是将输入的转矩增大并相应降低转速；当发动机纵置时还具有改变转矩传递方向的作用。

按参加减速传动的齿轮副数目分，有单级式主减速器和双级式主减速器。按主减速器传动比挡数分，有单速式和双速式。按齿轮副结构形式分，有圆柱齿轮式（又可分为轴线固定式和轴线旋转式即行星齿轮式）、圆锥齿轮式和准双曲面齿轮式。

主减速器的主动齿轮和从动齿轮之间必须有正确的相对位置，才能使两齿轮啮合传动时冲击噪声较小，而且轮齿沿其长度方向磨损较均匀。为此，在结构上一方面要使主动和从动锥齿轮有足够的支承刚度，使其在传动过程中不至于发生较大变形而影响正常啮合；另一方面应有必要的啮合调整装置。

3. 齿轮啮合间隙的调整方法

这里指齿面啮合印迹和齿侧间隙的调整。先在主动锥齿轮轮齿上涂以红色颜料（红丹粉与机油的混合物），然后用手使主动锥齿轮往复转动，于是从动锥齿轮轮齿的两工作面上便出现红色印迹。若从动齿轮轮齿正转和逆转工作面上的印迹位于齿高的中间偏于小端，并占齿面宽度的60％以上，则为正确啮合。

4. 准双曲面齿轮的特点

准双曲面齿轮与螺旋锥齿轮相比，不仅齿轮的工作平稳性好、轮齿的弯曲强度和接触强度高，而且主动齿轮的轴线可相对从动齿轮轴线偏移。当主动齿轮轴线向下偏移时，在保证一定离地间隙的情况下，可降低主动锥齿轮和传动轴的位置，因而使车身和整个重心降低，这有利于提高汽车行驶稳定性。

5. 对称式锥齿轮轮间差速器

对称式锥齿轮轮间差速器由圆锥行星齿轮、行星齿轮轴（十字轴）、圆锥半轴齿轮和差速器壳等组成。

当行星齿轮只是随同行星架绕差速器旋转轴线公转时，差速器不起差速作用，而半轴角速度等于差速器壳角速度。当行星齿轮除公转外，还绕本身的轴自转时，左右两侧半轴齿轮的转速之和为差速器壳转速的 2 倍，而与行星齿轮转速无关。因此在汽车转弯行驶或在其他行驶情况下，都可以借助行星齿轮以相应转速自转，使两侧驱动车轮以不同转速在地面上滚动而无滑动。

6. 防滑差速器的类型

防滑差速器常见的形式有强制锁止式齿轮差速器、高摩擦自锁式差速器（包括摩擦片式、滑块凸轮式等）、牙嵌式自由轮差速器、托森差速器、黏性联轴（差速）器和电控防滑差速器等。

1) 强制锁止式差速器

当汽车的一侧车轮处于附着力较小的路面上时，可按下仪表板上的电钮，使电磁阀接通压缩空气管路，压缩空气便从管接头进入工作缸，推动活塞克服弹簧带动外接合器右移，使之与内接合器接合。左半轴与差速器壳成为刚性连接，差速器不起差速作用，即左右两半轴被联锁成一体一同旋转。这样，当一侧驱动轮滑转而无牵引力时，从主减器传来的转矩全部分配到另一侧驱动轮上，使汽车得以正常行驶。

2) 高摩擦自锁止式差速器（摩擦片式）

当一侧车轮在路面上滑转，或汽车转弯时，行星齿轮自转，左右半轴齿轮转速产生差异，这种转速差的存在和轴向力的作用，主、从动摩擦片间产生摩擦力矩，其数值大小与差速器传递的转矩和摩擦片数值成正比，而摩擦力矩的方向与转速较高的半轴旋向相反，与转速较慢的半轴旋向相同。高摩擦力矩作用的结果是使低转速半轴传递的转矩大大增加。

3) 托森差速器

托森差速器由空心轴、差速器壳、后蜗杆轴、前蜗杆轴、蜗轮轴和蜗轮等组成。

当该差速器作为轴间差速器使用时，可以将前蜗杆轴和驱动前桥的差速器齿轮轴联为一体，后蜗杆轴和驱动后桥的驱动轴凸缘盘为一整体。汽车驱动时，来自发动机的驱动力通过空心轴传至差速器壳。然后，通过蜗轮轴传到蜗轮，并传向蜗杆，前蜗杆轴通过差速器齿轮轴将驱动力传至前桥，后蜗杆轴通过后驱动轴将驱动力传至后桥，从而实现前后驱动桥的驱动牵引作用。而当该差速器作为轮间差速器使用时，也可以将前蜗杆轴和后蜗杆轴分别与左、右驱动轮半轴相连。当汽车转向时，左右驱动轮出现转速差，通过啮合的直齿圆柱齿轮相对转动，使一轴转速加快，另一轴转速减慢，实现差速作用。

7. 汽车半轴

半轴是差速器与驱动轮之间传递动力的实心轴，其内端与差速器的半轴齿轮相连，外端与驱动轮的轮毂相接。半轴与驱动轮的轮毂在桥壳上的支承形式决定了半轴的受力状态。

现代汽车半轴的支承形式有两种，即全浮式支承和半浮式支承。

全浮式支承：半轴只承受转矩，不承受任何反力和弯矩的作用。受力状态简单，广泛用于各种载货汽车。

半浮式支承：半轴内端免受弯矩，而外端却承受全部弯矩。半浮式支承结构简单，广泛用于反力弯矩较小的轿车上。

8. 驱动桥壳

驱动桥壳从结构上可分为整体式桥壳和分段式桥壳两类。

驱动桥壳的功用是支承并保护主减速器、差速器和半轴等，使左右驱动车轮的轴向相对位置固定；与从动桥一起支承车架及其上的各总成质量；汽车行驶时，承受由车轮传来的路面反作用力和力矩，并经悬架传给车架。

16.2 习题与习题详解

16.2.1 本章习题

1. 填空题

(1) 驱动桥位于汽车传动系统的末端，主要由_____、差速器、_____和驱动桥壳等组成。

(2) 主减速器的功用是将输入的_____并相应_____；当发动机纵置时还具有改变_____的作用。

(3) 根据参加减速传动的齿轮副数目不同，主减速器可分为单级式主减速器和_____。

(4) 根据参加减速传动的齿轮副结构形式不同，主减速器可分为圆柱齿轮式、_____和准双曲面齿轮式。

(5) 根据主减速器传动比挡数不同，主减速器可分为单速式和_____。

(6) 主减速器中的准双曲面锥齿轮传动时，由于齿面间滑动速度较大，需加入_____润滑油来满足润滑的要求。

(7) 差速器的主要功用是：汽车转向行驶时，使左右两侧驱动轮以_____转速旋转。

(8) 汽车在行驶过程中，发动机的动力经过离合器、变速器、万向传动装置传至主减速器，主减速器（单级）从动锥齿轮依次将动力经_____、_____、_____及_____输出传给驱动车轮。

(9) _____是差速器与驱动轮之间传递动力的实心轴，其内端与差速器的_____相连，外端与_____相接。

(10) 现代汽车半轴的支承形式有两种，即_____和半浮式支承。

(11) 全浮式半轴其外端只承受_____，不承受任何_____和弯矩的作用。

(12) 驱动桥壳从结构上可分为整体式桥壳和_____两类。

2. 看图填空题

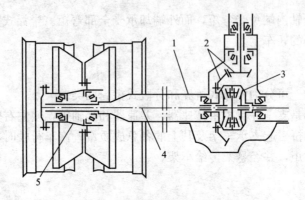

图 16.1 非断开式驱动桥

(1) _____ (2) _____ (3) _____ (4) _____
(5) _____

3. 选择题（单选或多选）

(1) 驱动桥由（　　）和驱动桥壳等组成。
　　A. 主减速器　　　B. 差速器　　　C. 离合器　　　D. 半轴

(2) 东风 EQ1090E 型货车其主减速器齿轮是（　　）。
　　A. 准双曲面齿轮　　B. 圆柱齿轮　　C. 圆锥齿轮　　D. 螺旋锥齿轮

(3) 在主减速器中若主动锥齿轮不变，提高传动比会造成（　　）。
　　A. 从动齿数增加，离地间隙减小　　B. 从动齿数增加，离地间隙增加
　　C. 从动齿数减小，离地间隙增加　　D. 从动齿数减小，离地间隙减小

(4) 下列准双曲面齿轮布置属于上偏移的是（　　）。
　　A. 大齿左旋，小齿右旋，小齿布置于大齿右上方
　　B. 大齿左旋，小齿右旋，小齿布置于大齿左下方
　　C. 大齿右旋，小齿左旋，小齿布置于大齿右下方
　　D. 大齿右旋，小齿左旋，小齿布置于大齿左上方

(5) 下列准双曲面齿轮布置属于下偏移的是（　　）。
　　A. 大齿左旋，小齿右旋，小齿布置于大齿右上方
　　B. 大齿左旋，小齿右旋，小齿布置于大齿左下方
　　C. 大齿右旋，小齿左旋，小齿布置于大齿右下方
　　D. 大齿右旋，小齿左旋，小齿布置于大齿左上方

(6) 汽车直线行驶时，差速器中的行星齿轮（　　）。
　　A. 只有自转，没有公转　　　B. 只有公转，没有自转
　　C. 既有公转，又有自转　　　D. 既无公转，又无自转

(7) 汽车转弯行驶时，差速器中的行星齿轮（　　）。
　　A. 只有自转，没有公转　　　B. 只有公转，没有自转
　　C. 既有公转，又有自转　　　D. 既无公转，又无自转

(8) 两半轴齿轮直径相等的对称式锥齿轮差速器运动学关系式是（　　）。
　　A. $n_1+n_2=2n_0$　　B. $n_1+n_2=n_0$　　C. $n_1+n_2=n_0/2$　　D. $n_1+n_2=4n_0$
(9) 差速器行星齿轮的自转是指绕（　　）的转动。
　　A. 自身轴线　　B. 半轴轴线　　C. 主减速器轴线　　D. 差速器轴线
(10) 差速器行星齿轮的公转是指绕（　　）的转动。
　　A. 自身轴线　　B. 半轴轴线　　C. 主减速器轴线　　D. 差速器轴线
(11) 防滑差速器常见的形式有（　　）。
　　A. 强制锁止式齿轮差速器　　　　B. 高摩擦自锁式差速器
　　C. 对称式锥齿轮差速器　　　　　D. 托森差速器
(12) 只承受转矩，不承受任何反力和弯矩作用的半轴叫做（　　）半轴。
　　A. 1/4 浮式　　B. 3/4 浮式　　C. 半浮式　　D. 全浮式
(13) 半浮式半轴能承受（　　）的作用。
　　A. 弯矩　　B. 反力　　C. 转矩　　D. 轴向力

4. 判断改错题

(1) 差速器是汽车传动系统中降低转速、增大转矩的主要部件。（　　）
改正：

(2) 正确啮合的印迹位置可通过主减速器壳与主动锥齿轮轴承座之间的调整垫片的总厚度而获得。（　　）
改正：

(3) 双速主减速器低挡用于一般行驶条件，高挡用于要求较大牵引力时。（　　）
改正：

(4) 汽车行驶过程中，车轮对路面的相对运动有两种状态：滚动和滑动。（　　）
改正：

(5) 为使多轴驱动的汽车各驱动桥有可能具有不同的输入角速度，以消除各桥驱动轮的滑动现象，可以在各驱动桥之间装设轮间差速器。（　　）
改正：

(6) 左右两侧半轴齿轮的转速之和为差速器壳转速的 2 倍，而与行星齿轮转速无关。（　　）
改正：

(7) 由对称式锥齿轮差速器的运动特性方程可知：当任何一侧半轴齿轮的转速为零时，另一侧半轴齿轮的转速为差速器壳转速的 4 倍。（　　）
改正：

(8) 为了提高汽车在坏路上的通过能力，可采用各种形式的防滑差速器。（　　）
改正：

(9) 全浮式支承的半轴只承受转矩，不承受任何反力和弯矩作用。（　　）
改正：

(10) 分段式桥壳具有较大的强度和刚度，且便于主减速器的装配、调整和维修。（　　）
改正：

5. 名词解释

(1) 非断开式驱动桥
(2) 断开式驱动桥
(3) 轮边减速器
(4) 上偏移
(5) 下偏移
(6) 轮边差速器
(7) 轴间差速器
(8) 差速器锁紧系数

6. 问答题

(1) 汽车驱动桥的功能有哪些？每个功能主要由驱动桥的哪部分来实现和承担？
(2) 准双曲面齿轮有什么特点？
(3) 主减速器中的圆锥滚子轴承为什么应有一定的装配预紧度？如何进行调整？
(4) 主减速器中锥齿轮啮合关系的调整方法是什么？
(5) 双级主减速器是如何保证其有足够的刚度和强度的？
(6) 差速器的功能及工作原理是什么？常见的差速器有哪几种？
(7) 为什么对于对称式锥齿轮差速器而言，当任何一侧半轴齿轮的转速为零时，另一侧半轴齿轮的转速为差速器壳转速的两倍？
(8) 为什么对于对称式锥齿轮差速器而言，当差速器壳转速为零时，若一侧半轴齿轮受其他外来力矩而转动，则另一侧半轴齿轮以相同转速反向转动？
(9) 如何区分全浮式半轴和半浮式半轴？
(10) 从支承受力的角度可以将半轴的支承分为哪几种类型？它们分别具有什么特征？
(11) 试以EQ1090型汽车（前置后驱）为例分析，如果该型号汽车的一个驱动车轮陷在泥中滑转，汽车能不能依靠另一侧在好路上的车轮从泥中出来？为什么？

16.2.2 习题详解

1. 填空题

(1) 主减速器　半轴
(2) 转矩增大　降低转速　转矩旋转方向
(3) 双级主减速器
(4) 圆锥齿轮式
(5) 双速式
(6) 准双曲面齿轮
(7) 不同
(8) 差速器壳　十字轴　行星齿轮　半轴齿轮　半轴
(9) 半轴　半轴齿轮　驱动轮轮毂
(10) 全浮式支承
(11) 转矩　反力

(12) 断开式桥壳

2. 看图填空题

(1) 驱动桥壳　　(2) 主减速器　　(3) 差速器　　(4) 半轴　　(5) 轮毂

3. 选择题(单选或多选)

(1) ABD　　(2) A　　(3) A　　(4) A　　(5) C　　(6) B　　(7) C
(8) A　　(9) A　　(10) B　　(11) ABD　　(12) D　　(13) ABC

4. 判断改错题

(1) (×)。改正："差速器"改为"主减速器"。

(2) (√)。

(3) (×)。改正："低挡"改为"高挡"，将"高挡"改为"低挡"。

(4) (√)。

(5) (×)。改正："轮间差速器"改为"轴间差速器"。

(6) (√)。

(7) (×)。改正"4倍"改为"2倍"。

(8) (√)。

(9) (√)。

(10) (×)。改正："分段式桥壳"改为"整体式桥壳"。

5. 名词解释

(1) 非断开式驱动桥：整个驱动桥通过弹性悬架与车架连接，由于半轴套管与主减速器壳是刚性地连成一体的，因而两侧的半轴和驱动轮不可能在横向平面内作相对运动，故称这种驱动桥为非断开式驱动桥，也称为整体式驱动桥。

(2) 断开式驱动桥：驱动轮分别用弹性悬架与车架相连，两轮可彼此独立地相对于车架上下跳动。与此对应，主减速器壳固定在车架上。驱动桥壳应制成分段并通过铰链连接，这种驱动桥称为断开式驱动桥。

(3) 轮边减速器：将双级主减速器中的第二级减速齿轮机构制成同样的两套，分别安装在两侧驱动轮的近旁，称为轮边减速器。

(4) 上偏移：从大齿轮锥顶看，并把小齿轮置于右侧，如果小齿轮轴线位于大齿轮中心线之上为上偏移。

(5) 下偏移：从大齿轮锥顶看，并把小齿轮置于右侧，如果小齿轮轴线位于大齿轮中心线之下称为下偏移。

(6) 轮间差速器：装在同一驱动桥两侧驱动轮之间的差速器称为轮间差速器。

(7) 轴间差速器：对于多轴驱动的车辆，处在不同驱动桥之间的差速器叫做轴间差速器。

(8) 差速器锁紧系数：差速器内摩擦力矩和其输入转矩之比为差速器锁紧系数。

6. 问答题

(1) 答：功能：将万向传动装置传来的发动机转矩通过主减速器、差速器、半轴等传到驱动车轮，实现降速增大转矩；通过主减速器圆锥齿轮副改变转矩的传递方向；通过差速器实现两侧车轮差速作用，满足内、外侧车轮以不同转速转动的需要。驱动桥由主减速器、差速器、半轴和驱动桥壳等组成。

主减速器：降低转速、增大转矩的主要部件。

差速器：使汽车转向时两侧的驱动车轮转动速度不等和多轴驱动桥转动速度不等。

半轴：用来可靠地传递驱动力。

驱动桥壳：支承汽车质量，并承受由车轮传来的路面反力和反力矩，并经悬架传给车架。

（2）答：准双曲面齿轮与螺旋锥齿轮相比，不仅齿轮的工作平稳性好、轮齿的弯曲强度和接触强度高，而且主动齿轮的轴线可相对从动齿轮轴线偏移。当主动齿轮轴线向下偏移时，在保证一定离地间隙的情况下，可降低主动锥齿轮和传动轴的位置，因而使车身和整个重心降低，这有利于提高汽车行驶稳定性。

（3）答：装配主减速器时，圆锥滚子轴承应有一定的装配预紧度，即在消除轴承间隙的基础上，再给予一定的压紧力。其目的是为了减小在锥齿轮传动过程中产生的轴向力所引起的齿轮轴的轴向位移，以提高轴的支承刚度，保证锥齿轮副的正常啮合。

为调整圆锥滚子轴承的预紧度，在两轴承内座圈之间的隔离套的一端装有一组厚度不同的调整垫片。如发现过紧则增加垫片的总厚度；反之，减小垫片的总厚度。

（4）答：先在主动锥齿轮轮齿上涂以红色颜料（红丹粉与机油的混合物），然后用手使主动锥齿轮往复转动，于是从动锥齿轮轮齿的两工作面上便出现红色印迹。若从动齿轮轮齿正转和逆转工作面上的印迹位于齿高的中间偏于小端，并占齿面宽度的60%以上，则为正确啮合

（5）答：为提高锥形齿轮副的啮合平稳性和强度，第一级减速齿轮副是螺旋锥齿轮。二级齿轮副是斜齿圆柱齿轮。主动圆锥齿轮旋转，带动从动圆锥齿轮旋转，从而完成一级减速。第二级减速的主动圆柱齿轮与从动圆锥齿轮同轴而一起旋转，并带动从动圆柱齿轮旋转，进行第二级减速。由于从动圆柱齿轮安装于差速器外壳上，所以当从动圆柱齿轮转动时，通过差速器和半轴就可以驱动车轮转动。双级主减速器中主动锥齿轮与轴制成一体，采用悬臂式支承。

（6）答：功能：当汽车转弯行驶或在不平路面上行驶时，使左右驱动车轮以不同角速度滚动，以保证两侧驱动轮与地面间作纯滚动运动。

差速原理如图16.2所示，A、B两点分别为行星齿轮4与两半轴齿轮的啮合点，行星齿轮的中心点为C，A、B、C点到差速器旋转轴线的距离均为r。当行星齿轮只是随同行星架绕差速器旋转轴线公转时，显然，处在同一半径上的A、B、C三点的圆周速度都相等（图16.2(b)），差速器不起差速作用。当行星齿轮除公转外，还绕自身轴以角速度顺时针自转时，啮合点A的圆周速度增大，啮合点B的圆周速度减小，且有左右两侧半轴齿轮的转速之和等于差速器壳转速的两倍，而与行星齿轮转速无关。因此，在汽车转弯行驶或其他行驶情况下，行星齿轮既有公转又有自转时，使两侧驱动车轮以不同转速在地面上滚动而无滑动。

差速器有轮间差速器、轴间差速器和防滑差速器三种，防滑差速器常见的形式有强制锁止式齿轮差速器、高摩擦自锁式差速器（包括摩擦片式、滑块凸轮式等）、牙嵌式自由轮差速器、托森差速器等。

（7）答：对称式锥齿轮差速器的运动特性方程式为：$n_1+n_2=2n_0$。所以，当任何一侧

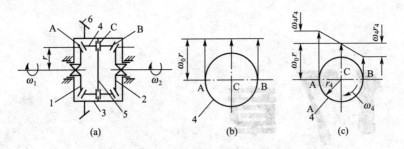

图 16.2 差速器差速原理
1，2—半轴齿轮；3—差速器壳；4—行星齿轮；5—行星齿轮轴；6—主减速器从动齿轮

半轴齿轮的转速为零时，即 $n_1=0$（或 $n_2=0$），则 $n_2=2n_0$（或 $n_1=2n_0$），即另一侧半轴齿轮的转速为差速器壳转速的 2 倍。

（8）答：对称式锥齿轮差速器的运动特性方程式为：$n_1+n_2=2n_0$。所以，当差速器壳转速为零时，即 $n_0=0$，则 $n_1=-n_2$（或 $n_2=-n_1$），即两侧半轴齿轮的转速相同但转动方向相反。

（9）答：全浮式半轴一端支承在差速器内，另一端支承在轮毂上，所以只传递转矩，不承受任何反力和弯矩。半浮式半轴同样一端支承在差速器内，另一端则直接支承在桥壳上，所以半轴既传递扭矩又承受全部反力和弯矩。

（10）答：现代汽车半轴的支承形式有两种，即全浮式支承和半浮式支承。

全浮式半轴：只传递转矩，不承受任何反力和弯矩，因而广泛应用于各类汽车上。全浮式半轴易于拆装，只需拧下半轴突缘上的螺栓即可抽出半轴，而车轮与桥壳照样能支持汽车，从而给汽车维护带来方便。

半浮式半轴：既传递转矩又承受全部反力和弯矩。它的支承结构简单、成本低，因而被广泛用于反力弯矩较小的各类轿车上。但这种半轴支承拆取麻烦，且汽车行驶中若半轴折断则易造成车轮飞脱的危险。

（11）答：不能。这是因为，在泥泞路面上车轮与路面之间附着力很小，路面只能对半轴作用很小的反作用转矩，虽然另一车轮与好路面间的附着力较大，但因对称式锥齿轮差速器平均分配转矩的特点，使这一侧车轮分配到的转矩只能与传到滑转的驱动轮上的转矩相等，以致总的牵引力不足以克服行驶阻力，汽车便不能前进。

第17章 车架、车桥和车轮

17.1 学习指导

17.1.1 本章基本内容与要点

本章基本内容：汽车行驶系统的主要功用，汽车（轮式汽车）行驶系统的组成与基本类型；车架的功用、类型、组成；车桥的功用、类型；转向桥的功用、组成及工作原理；转向轮定位参数的定义及作用；转向驱动桥的组成及工作原理；车轮的组成与类型；轮辋的类型；轮胎的作用、类型及规格。

本章要点：汽车行驶系统的功用及组成；车架的功用、分类和典型的车架形式；转向桥的功用、组成；转向轮定位的功用；转向轮定位参数的定义、作用及范围；子午线轮胎的结构和性能特点。

17.1.2 名词术语

1. 边梁式车架：边梁式车架是由两根位于两边的纵梁和若干根横梁通过铆接或焊接而连成的坚固的刚性构架。

2. 承载式车身：将所有部件固定在车身上，所有的力也由车身来承受，这种车架称为无梁式车架，也可称为承载式车身。

3. 转向驱动桥：能实现车轮转向和驱动的车桥称为转向驱动桥。

4. 转向桥：转向桥是利用转向节使车轮偏转一定的角度以实现汽车的转向，同时还承受和传递车轮与车架之间的垂直载荷、纵向力和侧向力以及这些力形成的力矩。转向桥通常位于汽车的前部，因此也常称为前桥。

5. 转向轮定位：为了保持汽车直线行驶的稳定性、转向的轻便性和减小轮胎与机件间的磨损，转向轮、转向节和前轴三者之间与车架必须保持一定的相对位置，这种具有一定相对位置的安装称为转向轮定位,也称前轮定位。

6. 主销后倾:主销装在前轴上后,在汽车纵向平面内,其上端略向后倾斜,这种现象称为主销后倾。

7. 主销后倾角:在汽车纵向垂直平面内,主销轴线与垂线之间的夹角 γ 称为主销后倾角。

8. 主销内倾:主销安装到前轴上后,在汽车横向平面内,其上端略向内倾斜,这种现象称为主销内倾。

9. 主销内倾角:在汽车横向垂直平面内,主销轴线与垂线之间的夹角 β 称为主销内倾角。

10. 前轮外倾:前轮安装在车轮上,其旋转平面上方略向外倾斜,这种现象称为前轮外倾。

11. 前轮外倾角:前轮旋转平面与纵向垂直平面之间的夹角 α 称为前轮外倾角。

12. 前轮前束:汽车两个前轮安装后,在通过车轮轴线而与地面平行的平面内,两车轮前端略向内束,这种现象称为前轮前束。

13. 前轮前束值:左右两车轮间后方距离 A 与前方距离 B 之差 $(A-B)$ 称为前轮前束值。

14. 扁平率:轮胎断面的高度与宽度之比。

17.1.3 分类、组成及基本工作原理

1. 行驶系统的功用及组成

行驶系统的作用主要为:支承汽车的总质量;接收由发动机经传动系统传来的转矩,并通过驱动轮与地面之间的附着作用,产生驱动力,以保证汽车正常行驶;传递并支承路面作用于车轮上的各种反力及其所形成的力矩;尽可能地缓和不平路面对车身造成的冲击和振动,保证汽车平顺行驶。

汽车(轮式汽车)行驶系统一般由车架、车桥、车轮和悬架等部分组成。

汽车行驶系统的类型有轮式、履带式、半履带式、车轮-履带式和水陆两用式等。

2. 车架

车架的功用是支承、连接汽车的各总成,使各总成保持相对正确的位置,并承受汽车内外的各种载荷。汽车车架的结构形式主要有两种:边梁式车架和中梁式车架。

边梁式车架是由两根位于两边的纵梁和若干根横梁通过铆接或焊接而连接成的坚固刚性构架。边梁式车架便于安装车身和布置总成,有利于改装变形车和发展多品种车型,载货商用车广泛采用。

中梁式车架只有一根位于中央而贯穿汽车全长的纵梁,也称脊骨式车架。这种车架便于装用独立悬架,但制造工艺较复杂,维修保养不便,使用较少。综合上述两种形式的车架为综合式车架,多用于轿车。

有的客车和轿车,车架与车身制成一体,以车身兼代车架的作用,即所谓的承载式车身。

3. 车桥

车桥的作用是传递车架与车轮之间的各向作用力及其所产生的弯矩和转矩。

根据悬架的结构型式,车桥可分为整体式和断开式两种;按照车桥上车轮的运动方式和作用,车桥可分为转向桥、驱动桥、转向驱动桥和支持桥四种类型。

1) 转向桥

转向桥除支承汽车前部载荷外,还配合汽车转向系统实现汽车顺利转向。各种类型汽车的转向桥结构基本相同,主要由前轴(梁)、转向节、主销和轮毂四部分组成。

为保持汽车稳定直线行驶和使转向轻便,在转向节、转向车轮和前轴三者之间的安装具有一定的相对位置,这就是前轮定位。前轮定位对汽车的使用性能有较大的影响,包括主销后倾、主销内倾、前轮外倾和前轮前束。

主销后倾可保持汽车直线行驶的稳定性,并力图使转弯后的前轮自动回正;主销内倾可使前轮自动回正,转向轻便;前轮外倾可提高前轮工作的安全性和操纵轻便性;前轮前束可消除汽车行驶过程中因前轮外倾而使两前轮前端向外张开的不利影响。

2) 转向驱动桥

能实现车轮转向和驱动的车桥称为转向驱动桥。在结构上,转向驱动桥既具有一般驱动桥所具有的主减速器、差速器及半轴,又具有一般转向桥的转向节、主销和轮毂等。

当前桥驱动时,转矩由主减速器、差速器传给内半轴、万向节、外半轴和半轴凸缘,最后传递到轮毂,驱动车轮旋转。当汽车转向时,转向直拉杆拉动转向节臂,带动转向节绕主销摆动,这时转向轮即可随之偏转,从而实现汽车的转向。

4. 车轮与轮胎

车轮与轮胎的主要功用是支承汽车总质量;吸收和缓和汽车行驶时所受到的路面冲击和振动;保证轮胎与路面的良好附着性能,以提高汽车的动力性、制动性和通过性;产生侧向力以平衡汽车转向行驶时的离心力,在保证汽车正常转向行驶的同时,通过轮胎产生的自动回正力矩,使汽车保持直线行驶。

1) 车轮

车轮一般由轮毂、轮辐(轮盘)和轮辋所组成。按轮辐的构造,车轮可分为辐板式和辐条式两种。按照轮辋结构特点的不同,轮辋可分为深槽式、平底式和对开式(可拆式)三种型式。

2) 轮胎

轮胎安装在轮辋上,直接与路面接触。其作用是:支承汽车的总质量;与汽车悬架共同吸收和缓和汽车行驶时所受到的冲击和振动,以保证汽车具有良好的乘坐舒适性和行驶平顺性;保证车轮与路面的良好附着而不致打滑,使汽车行驶平稳。

按用途可分为轿车轮胎和载货汽车轮胎两种;按胎体结构可分为充气轮胎和实心轮胎;就充气轮胎而言,按组成结构不同,可分为有内胎轮胎和无内胎轮胎两种;按胎内的工作压力大小,可分为高压胎、低压胎和超低压胎三种;按胎体中帘线排列的方向不同,又可以分为普通斜交胎、带束斜交胎和子午线胎;按胎面花纹的不同,还可以分为普通花纹胎、混合花纹胎和越野花纹胎。

子午线轮胎与普通斜交轮胎相比,耐磨性好、弹性大、行驶里程长;滚动阻力小、节约燃料；承载能力大、减振性能和附着性能好，胎面耐刺穿；自重轻。

无内胎轮胎的优点是只在爆破时才会失效，穿孔时漏气缓慢，胎压不会急剧下降仍可继续行驶；摩擦生热少，散热快，适于高速行驶；结构简单，质量小。

17.2　习题与习题详解

17.2.1　本章习题

1. 填空题

(1) 汽车行驶系统的类型有轮式、_____、半履带式、_____和水陆两用式等几种形式。

(2) 汽车车架俗称_____，其结构形式基本上有三种：边梁式车架、_____和综合式车架。

(3) 中梁式车架只有一根位于中央而贯穿汽车全长的_____，也称为_____。

(4) 车架的功用是_____，使各总成保持相对正确的位置，并承受汽车内外的各种载荷。

(5) 根据_____的结构型式，车桥可分为整体式和断开式两种。

(6) 按照车桥上车轮的运动方式和作用，车桥可分为_____、驱动桥、_____和支持桥四种类型。

(7) 转向桥是利用转向节使车轮偏转一定的角度以实现汽车的转向，它也可称为_____。

(8) 前轮定位包括主销后倾、_____、前轮外倾和_____四个参数。

(9) _____和_____都有使汽车转向自动回正，保持直线行驶的作用，回正作用与车速有关的是_____，而_____的回正作用几乎与车速无关。

(10) _____可通过改变横拉杆的长度来调整。

(11) 车轮是介于_____和_____之间承受负荷的旋转组件，一般由_____、轮辐和轮辋所组成。

(12) 按照轮辋结构特点的不同，轮辋可分为深槽式、_____和对开式三种。

(13) 就充气轮胎而言，按组成结构不同，可分为有内胎轮胎和_____两种。

(14) 轮胎胎体帘布层线与胎面中心线呈90°或接近90°排列，以带束层紧箍胎体的充气轮胎叫做_____。

(15) 某型轮胎标记为195/70R14，其中"195"表示_____，"70"表示_____，"R"表示_____，"14"表示_____。

2. 看图填空题

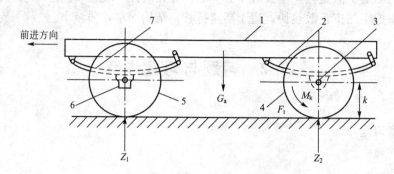

图 17.1 轮式汽车行驶系统的受力情况

(1) _____ (2) _____ (3) _____ (4) _____
(5) _____ (6) _____ (7) _____

3. 选择题（单选或多选）

(1) 轮式汽车行驶系统一般由车架、车桥和( )组成。
   A. 轮辐　　　　B. 车轮　　　　C. 车身　　　　D. 悬架

(2) 汽车的装配基体是( )。
   A. 车架　　　　B. 发动机　　　C. 车身　　　　D. 车轮

(3) 解放 CA1091 型汽车的车架类型属于( )。
   A. 边梁式　　　B. 中梁式　　　C. 综合式　　　D. 无梁式

(4) 一般载货汽车的前桥多为( )，后桥为驱动桥。
   A. 转向桥　　　B. 驱动桥　　　C. 转向驱动桥　　D. 支持桥

(5) 采用独立悬架的汽车其车桥通常为( )。
   A. 非断开式　　B. 断开式　　　C. 整体式　　　D. 综合式

(6) 车轮转向是绕着( )转动。
   A. 前轴　　　　B. 转向节　　　C. 主销　　　　D. 轮毂

(7) 按照车桥上车轮的运动方式和作用，车桥可分为( )。
   A. 转向桥　　　B. 驱动桥　　　C. 转向驱动桥　　D. 支持桥

(8) 各种类型汽车的转向桥结构基本相同，主要由( )等组成。
   A. 前轴　　　　B. 转向节　　　C. 主销　　　　D. 轮毂

(9) 前轮定位中，防止轮胎横向偏磨损主要是靠( )。
   A. 主销后倾　　B. 主销内倾　　C. 前轮外倾　　D. 前轮前束

(10) 为了消除( )使两前轮前端向外张开的不利影响，在安装两个前轮时，应调整好前轮前束。
   A. 主销后倾　　B. 主销内倾　　C. 前轮外倾　　D. 前轮前束

(11) 主销轴线与路面的交点位于车轮与路面接触点之前，即形成主销( )。
   A. 后倾　　　　B. 内倾　　　　C. 前倾　　　　D. 外倾

(12) 转向节通过主销装在前轴的两端，在横向平面内，主销轴线与地面不垂直，其上端略向内倾斜，这种现象称为( )。

A. 主销后倾　　　B. 主销内倾　　　C. 前轮外倾　　　D. 前轮前束

(13) 前轮安装在车轮上，其旋转平面上方略向外倾斜，即形成前轮的（　　）。
　　A. 内倾　　　　B. 后倾　　　　C. 外倾　　　　D. 前倾

(14) 连接制动鼓、轮辐和半轴凸缘的重要零件是（　　）。
　　A. 轮毂　　　　B. 轮辋　　　　C. 轮辐；　　　D. 轮胎

(15) 外胎结构中，起承受负荷作用的是（　　）。
　　A. 胎面　　　　B. 胎圈　　　　C. 帘布层　　　D. 缓冲层

(16) 目前，轿车、货车几乎全都采用的轮胎是（　　）。
　　A. 高压胎　　　B. 低压胎　　　C. 超低压胎　　D. 实心轮胎

(17) 按胎内空气压力大小，充气轮胎可分为高压胎、低压胎和（　　）三种。
　　A. 子午线轮胎　B. 实心轮胎　　C. 超低压胎　　D. 斜交轮胎

(18) 轮胎型号 9.00—20 中的"—"是表示（　　）。
　　A. 减号　　　　B. 高压胎　　　C. 子午胎　　　D. 低压胎

4. 判断改错题

(1) 汽车行驶系的类型有轮式、履带式、半履带式、车轮-履带式和水陆两用等几种形式。（　　）
改正：

(2) 车架的功用是支承连接汽车各总成，使各总成保持相对正确的位置，并承受汽车内外的各种载荷。（　　）
改正：

(3) 解放 CA1091 型汽车的车架是前窄后宽的结构，前部宽度缩小是为了给转向轮和转向直拉杆让出足够的空间，从而保证最小的车轮偏转角度。（　　）
改正：

(4) X 形车架一般只用于轿车车架。（　　）
改正：

(5) 断开式车桥与非独立悬架配合使用，整体式车桥多与独立悬架配用。（　　）
改正：

(6) 挂车上的车桥都是驱动桥。（　　）
改正：

(7) 主销后倾的回正作用与车速有关，而主销内倾的回正作用几乎与车速无关。（　　）
改正：

(8) 前轮前束可通过改变直拉杆的长度来调整。（　　）
改正：

(9) 子午线轮胎使用的轮辋与普通轮胎相同，子午线轮胎与普通轮胎不能并装也不可同轴混装。（　　）
改正：

(10) 无内胎轮胎一般配用平底式轮辋。（　　）
改正：

5. 名词解释

(1) 边梁式车架

(2) 承载式车身

(3) 转向驱动桥

(4) 支持桥

(5) 主销后倾

(6) 前轮前束

(7) 扁平率

6. 问答题

(1) 轮式行驶系统由哪几部分组成？功用是什么？

(2) 试分析轮式行驶系统的受力情况。

(3) 车桥中整体式桥和断开式桥各有什么特点？为什么整体式桥通常配非独立悬架而断开式桥与独立悬架相配？

(4) 转向轮定位参数有哪些？各有什么作用？主销后倾角为什么在某些轿车上出现负值？前束如何测量和调整？

(5) 转向驱动桥在结构上有什么特点？其转向和驱动两个功用主要由哪些零件实现？

(6) 车轮一般由哪几个部分组成？为什么有的货车后桥装用双式车轮？

(7) 车轮与轮胎的功用是什么？

(8) 为什么辐板式车轮比辐条式车轮在汽车上得到更广泛采用？

(9) 请说明充气轮胎尺寸标记中 D、d、B、H 各代表什么？

(10) 子午线轮胎和普通斜交胎相比，有什么区别和特点？为什么子午线轮胎得到越来越广泛的使用？

(11) 为什么现代轿车、货车几乎全都采用低压胎？

(12) 无内胎轮胎有何优缺点？

17.2.2 习题详解

1. 填空题

(1) 履带式　车轮-履带式

(2) 大梁　中梁式车架

(3) 纵梁　脊骨式车架

(4) 支承、连接汽车的各总成

(5) 悬架

(6) 转向桥　转向驱动桥

(7) 前桥

(8) 主销内倾　前轮前束

(9) 主销后倾　主销内倾　主销后倾　主销内倾

(10) 前轮前束

(11) 轮胎　车桥　轮毂

(12) 平底式

(13) 无内胎轮胎

(14) 子午线轮胎

(15) 轮胎名义断面宽度 195mm　轮胎名义高宽比 70%　子午线结构　轮辋直径 14 英寸

2. 看图填空题

(1) 车架　　　(2) 后悬架　　　(3) 驱动桥　　　(4) 后轮　　　(5) 前轮

(6) 从动桥　　(7) 前悬架

3. 选择题（单选或多选）

(1) BD　　　(2) A　　　(3) A　　　(4) A　　　(5) B　　　(6) C

(7) ABCD　　(8) ABCD　　(9) C　　(10) C　　(11) A　　(12) B

(13) C　　　(14) A　　　(15) C　　(16) B　　(17) C　　(18) D

4. 判断改错题

(1) (√)。

(2) (√)。

(3) (×)。改正："最小"改为"最大"

(4) (√)。

(5) (×)。改正："非独立悬架"改为"独立悬架"，"独立悬架"改为"非独立悬架"

(6) (×)。改正："驱动桥"改为"支持桥"

(7) (√)。

(8) (×)。改正："直拉杆"改为"横拉杆"

(9) (√)。

(10) (×)。改正："平底式"改为"深槽式"

5. 名词解释

(1) 边梁式车架：边梁式车架是由两根位于两边的纵梁和若干根横梁通过铆接或焊接而连成的坚固的刚性构架。

(2) 承载式车身：将所有部件固定在车身上，所有的力也由车身来承受，这种车身称为承载式车身。

(3) 转向驱动桥：在许多轿车和全轮驱动的越野车汽车上，前桥除作为转向桥外，还兼起驱动桥的作用，故称为转向驱动桥。

(4) 支持桥：既不能转向又不能产生牵引力，而仅起支承汽车作用的车桥称为支持桥。

(5) 主销后倾：主销装在前轴上后，在纵向平面内，其上端略向后倾斜，这种现象称为主销后倾。

(6) 前轮前束：汽车两个前轮安装后，在通过车轮轴线而与地面平行的平面内，两车轮前端略向内束，这种现象称为前轮前束。

(7) 扁平率：轮胎断面高度和宽度之比称为轮胎的扁平率。

6. 问答题

(1) 答：组成：轮式汽车行驶系统一般由车架、车桥、车轮和悬架等部分组成。功用：支承汽车的总质量；接受由发动机经传动系统传来的转矩，并通过驱动轮与地面之间的附着作用，产生驱动力，以保证汽车正常行驶；传递并支承路面作用于车轮上的各种反力及其所形成的力矩；尽可能地缓和不平路面对车身造成的冲击和振动，保证汽车平顺行驶。

(2) 答：汽车行驶系统的受力情况如《汽车构造（第 2 版）》图 17.1 所示，汽车总重力 G_a 通过前、后车轮传到地面，地面作用于前轮和后轮上的垂直反力 Fz_1 和 Fz_2，驱动桥中的半轴将驱动转矩 M_k 传到驱动后轮 4 上时，通过车轮与路面的附着作用，产生驱动力 F_t。

(3) 答：断开式车桥为活动关节式结构，它与独立悬架配合使用；整体式车桥的中部是一个整体的刚性实心或空心梁，它多与非独立悬架配用。断开式转向桥与独立悬架相配置，组成性能优良的转向桥。它有效地减少了非簧载质量，降低了发动机的质心高度，从而提高了汽车的行驶平顺性和操纵稳定性。

(4) 答：转向轮的定位参数有：主销后倾、主销内倾、前轮外倾、前轮前束。

主销后倾：使汽车转向轮自动回正，保证汽车稳定直线行驶。

主销内倾：使前轮自动回正，转向轻便。

前轮外倾：提高前轮工作的安全性和操纵轻便性。

前轮前束：消除汽车行驶过程中因前轮外倾而使两前轮前端向外张开的不利影响。

由于轿车的轮胎气压较低，弹性较大，汽车行驶时，轮胎与地面的接触面中心向后转移，使得稳定力矩增大，造成转向困难。所以在一些轿车上主销后倾角出现负值。

测量车轮两轮前边缘距离 B 和后边缘距离 A，A-B 即为前轮前束。前轮前束通过转向横拉杆进行调整。

(5) 答：在结构上，转向驱动桥既具有一般驱动桥的主减速器、差速器及半轴；也具有一般转向桥的转向节、主销和轮毂等。半轴分成内外两段，其间用万向节连接，同时主销也因而分成上下两段。转向节轴颈部分做成空心的，以便外半轴从中穿过，转向节的连接叉是球状转向节壳体，既满足了转向的需要，又适应了转向节的传力。

转向是通过转向盘、齿轮齿条式转向器、横拉杆来实现的；驱动是通过主减速器、差速器左右内半轴、传动轴、左右内等角速方向节、球笼式左右外等角速万向节及左右外半轴凸缘来实现的。

(6) 答：车轮由轮毂、轮辐和轮辋组成。载货汽车后桥负荷较前桥大得多，为使后轮轮胎不致超载，一般后桥装用双式车轮。

(7) 答：支承汽车总质量；吸收和缓和汽车行驶时所受到的路面冲击和振动；保证轮胎与路面的良好附着性能，以提高汽车的动力性、制动性和通过性；产生侧向力以平衡汽车转向行驶时的离心力，在保证汽车正常转向行驶的同时，通过轮胎产生的自动回正力矩，使汽车保持直线行驶。

(8) 答：辐板式车轮制造简单、造价低、维修安装方便，而辐条车轮价格昂贵、维修安装不便，故辐板车轮应用广泛。

(9) 答：充气轮胎尺寸标注中 D 表示轮胎的名义外径，d 表示内直径即轮辋直径，B 表示轮胎断面宽度，H 表示轮胎断面高度。

(10) 答：子午线轮胎由帘布层，带束层，胎冠，胎肩和胎圈组成。帘布层帘线排列的方向与轮胎的子午断面一致。子午线轮胎的帘布层一般可比普通斜交胎减少 40%～50%，胎体较柔软。帘线在圆周方向上只靠橡胶来联系，因此，为了承受行驶时产生的较大切向力，子午线轮胎具有若干层帘线与子午断面呈大角度、高强度、不易拉伸的周向环形的类似缓冲层的带束层。

子午线轮胎与普通斜交胎相比，具有耐磨性好、弹性大、行驶里程长；滚动阻力小、节约燃料；承载能力大、减振性能和附着性能好、胎面耐刺穿和自重轻等优点，故得到越来越广泛的使用。

(11) 答：因为低压胎弹性好，断面宽，与道路接触面大，壁薄而散热性良好。这些特点可提高汽车行驶平顺性、转向操纵的稳定性。此外，道路和轮胎本身的寿命也得以延长。

(12) 答：优点：只有在轮胎爆破时才会失效，穿孔时漏气缓慢，胎压不会急剧下降仍能继续行驶；摩擦生热少，散热快，适于高速行驶；结构简单，质量较小；气密性较好，能保证长期不漏气。缺点：密封层和自粘层易漏气，途中修理困难。此外，自粘层只有在穿孔尺寸不大时方能粘合；天气炎热时，自粘层可能会软化而向下流动，从而破坏轮胎的平衡。

第 18 章

悬 架

18.1 学习指导

18.1.1 本章基本内容与要点

本章基本内容：悬架的组成、作用及分类；独立悬架与非独立悬架的定义及结构特点；弹性元件类型及各自特点；减振器的作用，双向作用筒式减振器的结构及工作原理；各种非独立悬架的结构、工作原理及应用；各种独立悬架的结构、工作原理及应用；平衡悬架的结构和工作原理；电子控制悬架系统的功用、组成、工作原理及类型；变高度控制悬架系统的组成及控制过程；变刚度控制悬架系统的组成及空气弹簧悬架刚度的调节原理；变阻尼悬架系统的组成；变高度变刚度变阻尼悬架系统的组成。

本章要点：悬架的组成和功用；独立悬架和非独立悬架的性能特点；弹性元件的类型和各自的结构及性能特点；减振器的作用、双向作用筒式减振器的结构和工作原理；各种非独立悬架的结构和工作原理；各种独立悬架的结构及工作原理。

18.1.2 名词术语

1. 独立悬架：两侧车轮分别安装在断开式的车轴（桥）两端，每段车轴（桥）和车轮单独通过弹性元件与车架相连，当一侧车轮跳动时，对另一侧车轮不产生影响。
2. 非独立悬架：两侧车轮分别安装在一根整体式的车轴（桥）两端，车轴（桥）则通过弹性元件与车架相连，当一侧车轮因道路不平而跳动时，会影响另一侧车轮的工作。
3. 烛式独立悬架：车轮沿固定不动的主销轴线移动的悬架。
4. 麦弗逊式独立悬架：车轮沿摆动的主销轴线移动的悬架。
5. 平衡悬架：能保证中、后桥车轮垂直载荷相等的悬架，称为平衡悬架。
6. 主动悬架：车辆在行驶过程中悬架刚度和阻尼系数可人为地加以控制，并不断变化的悬架称为主动悬架。

7. 被动悬架：车辆在行驶过程中悬架刚度和阻尼系数不能改变的悬架称为被动悬架。

18.1.3 分类、组成及基本工作原理

1. 悬架功用及组成

悬架的主要作用是把路面作用于车轮上的垂直反力、纵向反力和侧向反力以及这些反力所形成的力矩传递到车架上，以保证汽车的正常行驶。悬架主要由弹性元件、导向装置和减振器三部分组成。

弹性元件：承受和传递垂直载荷，减小路面的冲击。

导向装置：传递纵向力、侧向力及其力矩，并保证车轮相对于车身有正确的运动关系。

减振器：加快振动的衰减，限制车身和车轮的振动。

2. 弹性元件类型及应用

汽车悬架所用的弹性元件可分为钢板弹簧、螺旋弹簧、扭杆弹簧、气体弹簧和橡胶弹簧等。一般载货汽车的非独立悬架广泛采用钢板弹簧；大多数轿车的独立悬架应用螺旋弹簧和扭杆弹簧；而在重型载货汽车上气体弹簧得到广泛应用。

3. 减振器的作用及工作原理

减振器的作用是吸收弹性元件起落时车辆的振动，使其迅速恢复平稳的状态，以改善汽车行驶的平稳性。

双向作用筒式减振器的工作原理为：当双向作用筒式减振器被压缩时，活塞下移，使其下腔室容积减小，油压升高油液经流通阀流到活塞上腔室，多余的油液经压缩阀进入储油筒，这些阀对油液的节流便造成对悬架压缩运动的阻尼力。当悬架处在伸张行程时，活塞上移使其上腔室容积减小、油压升高，流通阀关闭，上腔室内的油液推开伸张阀流入下腔室，储油筒内的油液在真空度的作用下推开补偿阀流入下腔室进行补充。这些阀的节流作用即构成对悬架伸张运动的阻尼力。

4. 悬架的类型

汽车悬架可分为非独立悬架和独立悬架两种形式。

1) 非独立悬架

两侧车轮分别安装在一根整体式车桥两端，车桥通过弹性元件与车架相连。一侧车轮跳动将影响另一侧车轮，汽车行驶感到很不平稳。

非独立悬架以纵置钢板弹簧式较常见，广泛用于小货车和客车前后悬架。

2) 独立悬架的类型

两侧车轮分别安装在断开式车桥的两端，每段车桥和车轮单独通过弹性元件与车架相连。两侧车轮能独立上下跳动而互不影响。

独立悬架按车轮的运动形式可分为横臂式独立悬架(车轮在汽车横向平面内摆动的悬架)、纵臂式独立悬架(车轮在汽车纵向平面内摆动的悬架)、烛式和麦弗逊式悬架(车轮沿主销移动的悬架)四种类型。

5. 电子控制悬架系统

电子控制悬架系统可根据汽车行驶路面状况、行驶速度和载荷变化，通过电子控制单元(EMS ECU)来控制相应的执行元件，自动调节车身高度、悬架刚度和阻尼系数，改善汽车的平顺性和操纵稳定性。

根据基本功能的不同，电子控制悬架系统主要有以下几种类型：电子控制变高度空气弹簧悬架系统、电子控制变刚度空气弹簧悬架系统、电子控制变阻尼减振器悬架系统。

电子控制悬架系统由前后车身高度传感器、转向盘转向和转角传感器、节气门位置传感器、车速传感器、控制开关、电子调节悬架电控单元和执行器等组成。

18.2 习题与习题详解

18.2.1 本章习题

1. 填空题

(1) 汽车悬架是_____和_____之间的一切传力连接装置的总称。

(2) 汽车悬架可分为_____和_____两种形式。

(3) 在悬架中应用的钢板弹簧由于可以承受各种_____和_____，因而悬架中可以没有_____装置，而螺旋弹簧只能承受_____，所以在悬架中必须设有_____装置。

(4) 汽车悬架的弹性元件有_____、螺旋弹簧、_____、气体弹簧和_____等。

(5) 双向作用筒式减振器在伸张行程产生的最大阻尼力比压缩行程产生的最大阻尼力_____。

(6) 按照车轮的运动方式，独立悬架分为_____、_____、横臂式独立悬架和麦弗逊式悬架四种类型。

(7) 车轮沿固定不动的主销轴线移动的悬架为_____；_____是车轮沿摆动的主销轴线移动的悬架。

(8) 电子控制悬架系统有车高调整、_____和_____三个基本调整功能。

2. 选择题(单选或多选)

(1) 悬架主要由( )等组成。
  A. 弹性元件　　B. 导向装置　　C. 横向稳定器　　D. 减振器

(2) 在汽车上广泛应用的减振器是( )。
  A. 双向作用筒式　B. 单向作用筒式　C. 充气式　　D. 阻力可调式

(3) 用来传递纵向力、侧向力及其力矩，并保证车轮相对于车架或车身有一定的运动规律的装置为( )。

A. 弹性元件　　　B. 导向机构　　　C. 减振器　　　D. 车架
 (4) 一般载货汽车的非独立悬架的弹性元件均采用（　　）。
   A. 螺旋弹簧　　　B. 扭杆弹簧　　　C. 钢板弹簧　　　D. 气体弹簧
 (5) 一般独立悬架采用的弹性元件为（　　）。
   A. 螺旋弹簧和钢板弹簧　　　　　B. 钢板弹簧和扭杆弹簧
   C. 螺旋弹簧和扭杆弹簧　　　　　D. 气体弹簧和螺旋弹簧
 (6) 车身高度可调的汽车采用的弹性元件为（　　）。
   A. 扭杆弹簧　　　B. 螺旋弹簧　　　C. 气体弹簧　　　D. 钢板弹簧
 (7) 独立悬架按车轮的运动方式可分为（　　）。
   A. 横臂式独立悬架　　　　　　　B. 纵臂式独立悬架
   C. 烛式独立悬架　　　　　　　　D. 麦弗逊式悬架

3. 判断改错题

(1) 螺旋弹簧本身没有减振作用，因此在螺旋弹簧悬架中必须另装减振器。（　　）
改正：

(2) 气体弹簧的刚度是可变的，当作用在弹簧上的载荷增加时，弹簧的刚度减小，当载荷减小时，弹簧的刚度增大。（　　）
改正：

(3) 螺旋弹簧非独立悬架一般只用作轿车的前悬架。（　　）
改正：

(4) 独立悬架一般很少用钢板弹簧作为弹性元件，而多采用螺旋弹簧和扭杆弹簧作为弹性元件，因而具有导向装置。（　　）
改正：

(5) 等长的双横臂式独立悬架在轿车的前轮上应用较为广泛。（　　）
改正：

(6) 烛式独立悬架的车轮沿固定不动的主销轴线移动。（　　）
改正：

(7) 麦弗逊式悬架的车轮沿摆动的主销轴线移动。（　　）
改正：

(8) 被动悬架的特点是能够根据外界输入或车辆本身状态的变化进行动态自适应调节。（　　）
改正：

(9) 变高度控制悬架系统在汽车乘员或载荷变化时，能够自动调节车身高度。（　　）
改正：

4. 名词解释

(1) 独立悬架
(2) 非独立悬架
(3) 主动悬架
(4) 被动悬架
(5) 平衡悬架

5. 问答题

(1) 汽车上为什么设置悬架总成？一般它是由哪几部分组成的？各部分的作用是什么？

(2) 悬架中为什么需要设导向装置？

(3) 汽车悬架中的减振器与弹性元件为什么要并联安装？对减振器有哪些要求？

(4) 双向作用筒式减振器的压缩阀、伸张阀、流通阀和补偿阀各起什么作用？压缩阀和伸张阀的弹簧为什么较强？预紧力为什么较大？

(5) 常用的弹性元件有哪几种？试比较它们的优缺点。

(6) 钢板弹簧上的弹簧夹起什么作用？安装时应注意什么？

(7) 钢板弹簧的作用是什么？为什么钢板弹簧各片不等长？

(8) 为什么有些货车后悬架中安装副簧？

(9) 独立悬架为什么广泛地被应用在现代汽车上？

(10) 烛式悬架、麦弗逊式悬架各有何特点？

(11) 安装横向稳定器的目的是什么？

(12) 主动悬架、半主动悬架的特点是什么？

(13) 根据电子控制系统的功能不同，电子控制悬架系统主要有哪几种类型？

(14) 电子控制悬架系统的功用是什么？

(15) 电子控制变阻尼悬架系统采用的控制方式有哪几种？

18.2.2 习题详解

1. 填空题

(1) 车架(或承载式车身)　车桥(或车轮)

(2) 独立悬架　非独立悬架

(3) 力　力矩　导向　垂直载荷　导向

(4) 钢板弹簧　扭杆弹簧　橡胶弹簧

(5) 大

(6) 纵臂式独立悬架　烛式独立悬架

(7) 烛式独立悬架　麦弗逊式独立悬架

(8) 阻尼力调整　弹簧刚度调整

2. 选择题(单选或多选)

(1) ABD　　(2) A　　(3) B　　(4) C　　(5) C　　(6) AC　　(7) ABCD

3. 判断改错题

(1) (√)。

(2) (×)。改正："减小"改为"增大"，"增大"改为"减小"

(3) (×)。改正："前悬架"改为"后悬架"

(4) (√)。

(5) (×)。改正："等长"改为"不等长"

(6)（√）。
(7)（√）。
(8)（×）。改正："被动悬架"改为"主动悬架"
(9)（√）。

4. 名词解释

(1) 独立悬架：两侧车轮分别安装在断开式的车轴（桥）两端，每段车轴（桥）和车轮单独通过弹性元件与车架相连，当一侧车轮跳动时，对另一侧车轮不产生影响，称为独立悬架。

(2) 非独立悬架：两侧的车轮安装在一根整体式的车轴（桥）两端，车轴（桥）通过弹性元件与车架相连，当一侧车轮因道路不平而跳动时，会影响另一侧车轮的工作，称为非独立悬架。

(3) 主动悬架：车辆在行驶过程中悬架刚度和阻尼系数可人为地加以控制，并不断变化的悬架称为主动悬架。

(4) 被动悬架：车辆在行驶过程中悬架刚度和阻尼系数不能改变的悬架称为被动悬架。

(5) 平衡悬架：能保证中、后桥车轮垂直载荷相等的悬架称为平衡悬架。

5. 问答题

(1) 答：悬架是车架（或承载式车身）与车桥（或车轮）之间的一切传力连接装置的总称。车架与车桥通过悬架弹性连接在一起。汽车车架（或车身）若直接安装于车桥上，由于道路不平，地面冲击，使货物和人会感到十分不舒服。悬架的主要作用是把路面作用于车轮上的垂直反力、纵向反力和侧向反力以及这些反力所形成的力矩传递到车架（或承载式车身）上，以保证汽车的正常行驶。其次还能起到缓冲、导向和减振的作用，所以要设置悬架总成。

一般悬架由弹性元件、导向装置、减振器三部分组成。

弹性元件：使车架与车桥之间作弹性联系，承受和传递垂直载荷，缓和及抑制不平路面所引起的冲击。导向装置：用来传递纵向力、侧向力及其力矩，并保证车轮相对于车架或车身有一定的运动规律。减振器：加快振动的衰减，限制车身和车轮的振动。

(2) 答：导向装置是用来传递纵向力、侧向力及其力矩，并保证车轮相对于车架或车身有一定的运动规律。

(3) 答：并联安装：当弹性元件受到冲击，发生振动时，与之并联的减振器能同时参与工作，迅速衰减振动，以减少车架（或车身）的振动。若串联安装则造成：车架重心过高，汽车行驶稳定性差；减振器与弹性元件不能同时参与工作，而是先后参与工作，达不到迅速衰减振动的效果。

对减振器的使用要求为：悬架压缩行程（车桥与车架相互移近的行程）内，阻尼力较小，以充分发挥弹性元件的作用，缓和冲击；悬架伸张行程（车桥与车架相互远离的行程）内，阻尼力应大，以求迅速减振；当车桥（或车轮）与车架之间的相对速度较大时，减振器应能自动加大液流通道截面积，使阻尼力保持在一定限度内，以避免承载过大的冲击载荷。

(4) 答：压缩阀和伸张阀是卸载阀，其弹簧较强，预紧力较大，只有当油压升高到一定程度时，阀才能开启，而当油压降低到一定程度时，阀会自行关闭。流通阀和补偿阀是一般的单向阀，其弹簧很弱，当阀上油压的作用力与弹簧力同向时，阀处于关闭状态，完全不通液流；而当油压的作用力与弹簧力反向时，只要有很小的油压，阀便能开启。

因为压缩阀和伸张阀是卸载阀，分别控制压缩行程与伸张行程的最高油压，所以弹簧较强。

预紧力较大主要是为了保证阀门紧密闭合，不致因汽车振动而自动开启。

(5) 答：常用的弹簧元件有：钢板弹簧、螺旋弹簧、扭杆弹簧、气体弹簧、橡胶弹簧。

各自优缺点如下：钢板弹簧能兼起导向机构的作用，并且由于各片之间的摩擦而起到一定的减振作用，但各片之间的干摩擦，降低了悬架缓和冲击的能力，并使弹簧各片加速磨损；螺旋弹簧无须润滑，不忌污泥，所需纵向空间小，本身质量小，但没有减振和导向作用；扭杆弹簧单位质量的储能量高，质量小，结构简单，布置方便，易实现车身高度的自动调节；气体弹簧具有比较理想的变刚度特性，质量小，寿命长，但对加工和装配的精度要求高，维修麻烦；橡胶弹簧单位质量的储能量较高，隔音性好，工作无噪声，不需润滑，具有一定的减振能力。

(6) 答：当钢板弹簧反向变形即车架离开车桥时，使各片不致互相分开，而将反力传给较多的弹簧片，以免主片单独承载，同时还可以防止各片横向错动。

安装时应将螺栓头朝向车架一面，而使螺母在车轮一面，以防止螺栓松脱时刮伤轮胎。

(7) 答：钢板弹簧的作用是传递及承受各种力和力矩，缓和冲击并兼导向。钢板弹簧各片不等长主要是构成一根近似的等强度梁，同时也能减轻质量。

(8) 答：货车后悬架所承受的载荷因汽车行驶时实际装载质量不同而在很大范围内变化，因而为了保持车身固有频率不变或变化很小，悬架刚度应该是可变的，而且变化幅度应较前悬架大，一般措施是在后悬架中加装副簧。当汽车空载或实际装载质量不大时，副簧不承受载荷而由主簧单独工作。在重载和满载情况下，车架相对于车桥下移，使车架上的副簧滑板式支座与副簧接触，即主、副簧共同参加工作，一起承受载荷而使悬架刚度增大，以保证车身振动频率不致因载荷增大而变化过大。

(9) 答：独立悬架具有以下优点：①悬架弹性元件的变形在一定的范围内，两侧车轮可以单独运动而互不影响，这样可减少车架和车身在不平道路上行驶时的振动，而且有助于消除转向轮不断偏摆的现象。②减轻汽车上非弹簧承载部分的质量（非簧载质量），从而减小了悬架所受到的冲击载荷，可以提高汽车的平均行驶速度。③由于采用断开式车桥，发动机位置可降低和前移并使汽车重心下降，有利于提高汽车行驶的稳定性。同时能给予车轮较大的上下运动空间，悬架刚度可设计得较小，使车身振动频率降低，以改善行驶平顺性。④可保证汽车在不平道路上行驶时，车轮与路面有良好的接触，增大驱动力。此外具有特殊要求的某些越野汽车采用独立悬架后，可增大汽车的离地间隙，提高汽车的通过性能。故在现代汽车上应用广泛。

(10) 答：烛式独立悬架的车轮沿固定不动的主销轴线移动，主销定位角不变化，汽车转向操纵及行驶稳定性较好，套筒与主销之间的摩擦阻力大，磨损严重。麦弗逊式独立悬架的车轮沿摆动的主销轴线移动，悬架变形时使主销定位角和轮距都有些变化，合理调整杆系的布置，可使车轮的定位参数变化极小。两前轮内侧空间较大，便于发动机等机件的布置。

（11）答：目的是为防止车身在不平路面行驶或转向时发生过大的横向倾斜。

（12）答：主动悬架的特点是能够根据外界输入或车辆本身状态的变化进行动态自适应调节。被动悬架刚度和阻尼系数在汽车行驶过程中不能进行调节，减振性能的进一步提高受到限制，故平顺性和操纵稳定性不能兼而有之。

（13）答：电子控制悬架系统主要有电子控制变高度空气弹簧悬架系统、电子控制变刚度空气弹簧悬架系统、电子控制变阻尼减振器悬架系统三种类型。

（14）答：根据汽车行驶路面状况、行驶速度和载荷变化，通过电子控制单元（EMS ECU）来控制相应的执行元件，自动调节车身高度、悬架刚度和阻尼系数，改善汽车的平顺性和操纵稳定性。

（15）答：电子控制变阻尼悬架系统的控制方式主要有根据汽车行驶状况进行控制、根据驾驶员选择的运行模式进行控制、根据汽车行驶状况和驾驶员选择的运行模式进行控制三种控制方式。

第19章 汽车转向系统

19.1 学习指导

19.1.1 本章基本内容与要点

本章基本内容：汽车转向基本特性；转向系统类型、组成及工作原理；机械转向系统的组成及工作原理；动力转向系统的组成及工作原理；电子控制动力转向系统的分类、组成及工作原理。

本章要点：汽车转向基本特性；机械转向系统类型、组成及工作原理；转向器的分类和结构；动力转向系统及电子控制动力转向系统的组成及工作原理。

19.1.2 名词术语

1. 转弯半径：由转向中心到外转向轮与地面接触的距离称为汽车的转弯半径。
2. 转向系统角传动比：转向盘转角增量与同侧转向节相应转角增量之比。
3. 转向器角传动比：转向盘转角增量与同侧摇臂轴转角相应增量之比。
4. 转向传动机构角传动比：摇臂轴转角增量与同侧转向节转角相应增量之比。
5. 转向盘自由行程：转向轮在直线行驶位置时，转向盘的空转角度称为转向盘自由行程。
6. 正效率：转向摇臂输出功率与转向轴输入功率之比称为正效率。
7. 逆效率：转向摇臂输入功率与转向轴输出功率之比称为逆效率。
8. 可逆式转向器：正效率与逆效率均很高的转向器叫做可逆式转向器。
9. 不可逆式转向器：逆效率极低的转向器称为不可逆式转向器。
10. 极限可逆式转向器：逆效率略高于不可逆式转向器的称为极限可逆式转向器。

19.1.3 分类、组成及基本工作原理

1. 汽车转向系统类型

汽车转向系统分为两大类：机械转向系统和动力转向系统。完全靠驾驶员手力操纵的

转向系统称为机械转向系统。借助动力来操纵的转向系统称为动力转向系统。动力转向系统又可分为液压动力转向系统和电动助力动力转向系统。

2. 机械转向系统的组成

机械转向系统主要由转向操纵机构、转向器和转向传动机构三部分组成。

转向操纵机构是驾驶员操纵转向器的机构，包括从转向盘到转向器输入端的零部件，如转向盘、转向轴及转向柱管和万向传动装置等。

转向器是将转向盘的转动变为转向摇臂的摆动，并按一定传动比放大转矩的增力装置。现代汽车上广泛采用的是齿轮齿条式转向器和循环球式转向器。

转向传动机构的作用是将转向器输出的力和运动传给转向桥两侧的转向节、且使两侧转向轮按一定关系偏转的机构，主要包括转向摇臂、转向直拉杆、转向横拉杆等。

3. 机械转向器的类型、结构及工作原理

机械转向器按力传动的可逆性可分为：可逆式（齿轮齿条式、循环球式）、极限可逆式（蜗杆滚轮式、蜗杆曲柄双销式）和不可逆式（蜗杆扇形齿轮式、球面螺杆式）。现代汽车上广泛采用的是齿轮齿条式转向器和循环球式转向器。

1) 齿轮齿条式转向器

齿轮齿条式转向器由转向齿轮、转向齿条、壳体和预紧力调整装置等组成。转动方向盘，转向轴随之转动，转向轴与转向器齿轮相连，齿轮转动带动与之啮合的齿条移动，推动左、右横拉杆向一侧运动，以带动转向节及车轮朝同一方向偏转，实现汽车转向。

2) 循环球式转向器

循环球式转向器由两级传动副、壳体、钢球和间隙调整装置等组成。一级传动副为螺杆-螺母传动副，第二级是齿条-齿扇传动副。当转动转向盘时，转向轴带动转向螺杆旋转，通过钢球将力传给转向螺母，使转向螺母沿轴向移动，钢球则在钢球导管和滚道内移动，通过螺母上的齿条带动齿扇及轴转动，进而带动转向摇臂摆动，通过其他转向传动装置的传动，实现车轮的偏转。

4. 液压式动力转向系统的组成、类型与工作原理

液压式动力转向系统由机械转向装置和液压转向加力装置组成。液压转向加力装置由转向液压泵、转向动力缸、转向控制阀、转向油罐和油管等组成。

根据机械式转向器、转向动力缸和转向控制阀三者在转向装置中的布置和连接关系的不同，液压式动力转向装置分为整体式、组合式和分离式三种结构形式。

液压动力转向系统的工作原理为：汽车直线行驶时，转向控制阀处于中立位置并将转向动力缸的左右两个工作腔导通，转向液压泵与转向油罐的油路也导通，从转向液压泵泵出来的工作液可直接流回转向油罐，转向液压泵处于卸荷状态，动力转向器不起助力作用。汽车需要右转弯时，驾驶员向右转动转向盘，转向控制阀将转向液压泵供给的工作液与转向动力缸的右腔接通，将左腔与转向油罐接通，在油压的作用下，转向动力缸中的活塞向左移动，通过转向传动机构使左、右轮向右偏转，从而实现向右转向；而左转弯时，情况与上述相反。

5. 整体式液压动力转向器的工作原理

汽车直线行驶时，转阀处于中间位置，来自转向液压泵的工作液从转向器壳体的进油

口流到阀体的中间油环槽中，经过其槽底的三个通孔进入阀体和阀芯之间，此时因阀芯处于中间位置，进入的油液分别通过阀体和阀芯纵槽形成的两边相等的间隙，再通过阀芯的纵槽和阀体的纵槽以及阀体的径向孔流向阀体外的上、下油环槽，然后通过壳体中的两条油道分别流到动力缸的左腔(A腔)、右腔(B腔)中。同时，通过阀芯纵槽的径向油孔流到阀芯内腔与扭杆组件之间的空隙(回油道)中，经油管回到转向油罐中去，形成了常流式油液循环。此时，A腔、B腔油压相等且很小，齿条-活塞既没有受到转向齿轮的轴向推力，也没有受到A腔、B腔因压力差造成的轴向推力。所以齿条-活塞处于中间位置，不产生助力作用。

汽车右转弯时，转动转向盘使转向轴顺时针转动，并带动阀芯同步转动。受到转向节臂传来的路面转向阻力作用，动力缸活塞和转向齿条暂时不能运动，所以转向齿轮暂时也不能随转向轴向右转动。这样扭杆受转矩作用，前、后端产生扭转变形，转向阀芯和阀体之间转过一个角度。动力缸左腔进入高压油，右腔泄压，动力缸产生向右转向助力。

6. 电子控制动力转向系统

根据动力源的不同，电子控制动力转向系统可分为液压式电子控制动力转向系统(EHPS)和电动式电子控制动力转向系统(EPS)。

EHPS是在传统的液压动力转向系统的基础上增设控制液体流量的电磁阀、车速传感器和电控单元等。电控单元根据检测的车速信号，控制电磁阀，使转向动力放大倍率实现连续可调，从而满足高、低车速时的转向助力要求。根据控制方式不同，EHPS可分为流量控制式、反力控制式和阀灵敏度控制式。

EPS是在传统的机械式转向系统的基础上，利用直流电动机作为动力源，电子控制单元根据转向参数和车速等信号，控制电动机的转矩大小和方向。电动机的转矩由电磁离合器通过减速机构减速增矩后，加在汽车的转向机构上，使之得到一个与工况相适应的转向作用力。按照转向助力机构位置的不同，将EPS分为三类：转向轴助力式、转向齿轮助力式和齿条助力式。

19.2　习题与习题详解

19.2.1　本章习题

1. 填空题

(1) 由转向中心O点到外转向轮与地面接触的距离R，称为汽车的_____。

(2) 转弯半径_____，则汽车转向所需场地越小，其机动性越好。

(3) 转向系统角传动比是_____和_____的乘积。

(4) _____是转向盘转角增量与同侧_____之比。

(5) _____是_____与同侧转向节转角相应增量之比。

(6) 转向操纵机构的功用是将驾驶员转动转向盘的操纵力矩传给_____。它主要由转向盘、转向轴及转向柱管和_____等组成。

(7) 机械转向器在转向系统中起到_____作用，并能改变

_____的传动方向。

(8) 机械转向器的传动效率是指转向器的_____与_____之比。

(9) _____输出功率与转向轴输入功率之比称为_____。

(10) 转向摇臂输入功率与_____输出功率之比称为_____。

(11) 用于良好道路的汽车多采用_____转向器，在路面条件差的情况下使用的汽车多采用_____转向器。

(12) 按力传动的可逆性及构造不同，机械转向器可分为_____、极限可逆式转向器和_____。

(13) 转向传动机构的作用是将_____输出的力和运动传给转向桥两侧的转向节，使两侧转向轮_____。

(14) _____是把转向器输出的力和运动传给转向直拉杆或转向横拉杆的传动件。

2. 选择题（单选或多选）

(1) 如图 19.1 所示，在汽车转向时为保证所有车轮均作纯滚动，两侧转向轮偏转角之间应满足如下的理想关系式(　　)。

A. $\cot\alpha = \cot\beta + \dfrac{B}{L}$

B. $\cot\beta = \cot\alpha + \dfrac{B}{L}$

C. $\mathrm{tg}\alpha = \mathrm{tg}\beta + \dfrac{L}{B}$

D. $\mathrm{tg}\alpha = \mathrm{tg}\beta + \dfrac{B}{L}$

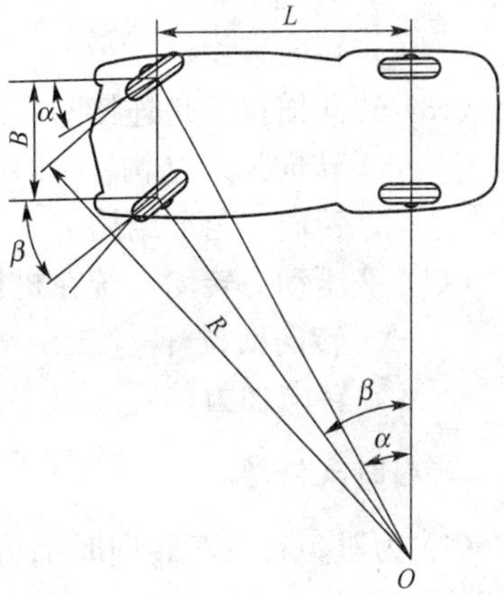

(2) 两侧转向轮偏转角之间的理想关系式中的 B 是指(　　)。

A. 轮距
B. 两侧主销轴线与地面相交点间的距离
C. 转向横拉杆的长度
D. 轴距

图 19.1　转向车轮偏转角的关系

(3) 转向系统角传动比越大，则转向(　　)。

A. 越轻便　　　　　　　　　　B. 越沉重
C. 无变化　　　　　　　　　　D. 无明显变化

(4) 转向系统角传动比为(　　)。

A. 转向盘的转角增量与相应的转向摇臂转角增量之比
B. 转向摇臂转角增量与转向盘所在一侧的转向节相应的转角增量之比
C. 转向盘转角增量与同侧转向节相应转角增量之比
D. 转向节转角增量与转向盘的转角增量之比

(5) 一般轿车转向器的角传动比为(　　)。

A. $i = 24$　　　B. $i = 16 \sim 32$　　　C. $i = 12 \sim 20$　　　D. $i = 24 \sim 48$

(6) 机械式转向系统组成包括三部分：转向操纵机构、转向器和（　　）。
　　A. 转向盘　　　　B. 万向传动装置　　C. 转向轴　　　　D. 转向传动机构
(7) 下列部件中不属于转向操纵机构的是（　　）。
　　A. 转向盘　　　　B. 传动轴　　　　C. 转向轴　　　　D. 转向摇臂
(8) 转向盘的自由行程一般不超过（　　）。
　　A. 5°～8°　　　　B. 10°～15°　　　C. 25°～30°　　　D. 35°～40°
(9) 下列转向器属于可逆式转向器的是（　　）。
　　A. 循环球式　　　　　　　　　　　B. 蜗杆滚轮式
　　C. 蜗杆曲柄双销式　　　　　　　　D. 蜗杆扇形齿轮式
(10) 东风EQ1090E型载货汽车的转向器为（　　）。
　　A. 蜗杆滚轮式转向器　　　　　　　B. 循环球式转向器
　　C. 蜗杆双销式转向器　　　　　　　D. 齿轮齿条式转向器
(11) 轿车常用的转向器的结构形式是（　　）。
　　A. 齿轮齿条式　　　　　　　　　　B. 循环球式
　　C. 蜗杆曲柄双销式　　　　　　　　D. 蜗杆滚轮式
(12) 采用齿轮齿条式转向器时，不需（　　），所以结构简单。
　　A. 转向节臂　　　　　　　　　　　B. 转向轴
　　C. 转向直拉杆　　　　　　　　　　D. 转向横拉杆
(13) 转向横拉杆是连接左右梯形臂的杆件，它与左右梯形臂及前轴构成（　　）。
　　A. 转向梯形结构　　　　　　　　　B. 转向矩形结构
　　C. 转向三角形结构　　　　　　　　D. 转向菱形机构
(14) 液压动力转向系统在机械式转向系统的基础上又加装了（　　）。
　　A. 转向横拉杆　　　　　　　　　　B. 转向器
　　C. 转向加力装置　　　　　　　　　D. 转向摇臂

3. 判断改错题

(1) 为避免在汽车转向时加大对车轮的磨损，希望汽车转向时每个车轮都做纯滚动。（　　）
改正：

(2) 当前外转向轮偏转角达到最大值时，转弯半径有最小值。（　　）
改正：

(3) 转向操纵机构是把转向器的运动传给转向车轮的机构，包括从摇臂到转向车轮的零部件。（　　）
改正：

(4) 转向系统角传动比主要取决于转向传动机构角传动比。（　　）
改正：

(5) 转向盘自由行程对于缓和路面冲击及避免驾驶员过度紧张是有利的。（　　）
改正：

(6) 转向器传动比越小，转向操纵力越小，转向越不灵敏。（　　）
改正：

(7) 循环球式转向器正效率高、逆效率低。（　）
改正：
(8) 与独立悬架配合使用的转向传动机构必须是断开的，以适应轮胎的跳动。（　）
改正：
(9) 改变转向横拉杆的总长度，可调整转向轮前束。（　）
改正：
(10) 目前汽车上使用广泛的是气压式动力转向系统。（　）
改正：

4. 名词解释

(1) 可逆式转向器
(2) 不可逆式转向器
(3) 极限可逆式转向器
(4) 转向盘自由行程
(5) 路感
(6) 四轮转向系统
(7) 转向加力装置

5. 问答题

(1) 汽车转向系统的功用是什么？汽车转向时，若使四轮都做纯滚动，应满足什么条件？
(2) 简述汽车转向系统的基本工作原理。
(3) 汽车转向系统各分为哪几类？各由哪几部分组成？
(4) 为什么目前在轻型、微型轿车和货车上大多采用齿轮齿条式转向器？
(5) 简述齿轮齿条式转向器的基本结构和工作原理。
(6) 简述循环球式转向器的基本结构和工作原理。
(7) 简述电子控制式电动助力转向系统的工作原理。
(8) 电动助力转向系统是如何分类的？与液压助力式相比较，它有哪些优点？
(9) 四轮转向有哪些优越性？

19.2.2　习题详解

1. 填空题

(1) 转弯半径
(2) 越小
(3) 转向器角传动比　转向传动机构角传动比
(4) 转向器角传动比　摇臂轴转角相应增量
(5) 转向传动机构角传动比　摇臂轴转角增量
(6) 转向器　万向传动装置
(7) 减速增矩　转向力矩
(8) 输出功率　输入功率

(9) 转向摇臂　　正效率
(10) 转向轴　　逆效率
(11) 可逆式　　极限可逆式
(12) 可逆式转向器　　不可逆式转向器
(13) 转向器　　按一定关系偏转
(14) 转向摇臂

2. 选择题(单选或多选)

(1) A　(2) B　(3) A　(4) C　(5) C　(6) D　(7) D
(8) B　(9) A　(10) C　(11) A　(12) C　(13) A　(14) C

3. 判断题

(1) (√)。
(2) (√)。
(3) (×)。改正："转向操纵机构"改为"转向传动机构"
(4) (×)。改正："转向传动机构角传动比"改为"转向器角传动比"
(5) (√)。
(6) (×)。改正："传动比越小"改为"传动比越大"
(7) (×)。改正："逆效率低"改为"逆效率也较高"
(8) (√)。
(9) (√)。
(10) (×)。改正："气压"改为"液压"

4. 名词解释

(1) 可逆式转向器：正效率与逆效率均很高的转向器称为可逆式转向器。
(2) 不可逆式转向器：逆效率极低的转向器称为不可逆式转向器。
(3) 极限可逆式转向器：逆效率略高于不可逆式的转向器称为极限可逆式转向器。
(4) 转向盘自由行程：转向轮在直线行驶位置时，转向盘的空转角度称为转向盘自由行程。
(5) 路感：驾驶员获得路面反馈的信息，称为路感。
(6) 四轮转向系统：在汽车前轮设置转向装置的基础上，后轮也设置有转向装置，称为四轮转向系统。
(7) 转向加力装置：用以将发动机输出的部分机械能转化为压力能，并在驾驶员控制下，对转向传动装置或转向器中某一传动件施加不同方向的液压或气压作用力，以助驾驶员施力不足的一系列零部件，总称为转向加力装置。

5. 问答题

(1) 答：汽车转向系统的功能是按照驾驶员的意愿控制汽车的行驶方向。汽车转向时，各个车轮的转动轴线应当相交于一点，才能实现车轮的纯滚动。
(2) 答：需要转向时，驾驶员对转向盘施加转向力矩，该力矩通过转向轴输入转向器，经转向器中的减速传动副将转向力矩放大并将转动减速后由转向摇臂传到转向直拉杆，再传给固定于转向节上的转向节臂，使转向节和它所支承的转向车轮偏转，同时经梯形转向机构带动另一侧的转向车轮同时偏转，从而改变汽车的行驶方向。

（3）答：汽车转向系统分为两大类：机械转向系统和动力转向系统。动力转向系统又可分为液压动力转向系统和电动助力动力转向系统。

机械转向系统主要由转向操纵机构、转向器和转向传动机构三部分组成。动力转向系统在机械转向系统的基础上加设一套转向加力装置。

（4）答：齿轮齿条转向器具有结构简单，紧凑，质量轻，刚性大，转向灵敏，制造容易，成本低，正逆效率都高，而且特别适用于烛式、麦弗逊式悬架配用，便于布置等优点，所以广泛采用。

（5）答：齿轮齿条式转向器由转向齿轮、转向齿条、壳体和预紧力调整装置等组成。工作原理：当转动转向盘时，转向齿轮转动，驱动与之啮合的转向齿条沿轴向移动，从而使左、右横拉杆带动左、右转向节转动，使转向轮偏转，以实现汽车转向。

（6）答：循环球式转向器由螺杆-螺母传动副、齿条-齿扇传动副、壳体、钢球和间隙调整装置等组成。

工作原理：当转向盘转动时，转向轴带动转向螺杆旋转，通过钢球将力传给转向螺母，使得转向螺母沿轴向移动，钢球则在钢球导管与滚道通道内循环滚动；通过螺母上的齿条带动齿扇及轴转动，进而带动转向摇臂摆动，通过其他转向传动装置的传动，实现车轮的偏转。

（7）答：电子控制式电动助力转向系统的工作原理为：当操纵转向盘时，装在转向轴上的转矩传感器不断地测出转向轴上的转矩信号，该信号与车速信号同时输入到电控单元。电控单元根据这些输入信号，确定助力转矩的大小和方向，即选定电动机的电流大小和方向，调整转向辅助动力的大小。电动机的转矩由电磁离合器通过减速机构减速增矩后，加在汽车的转向机构上，使之得到一个与汽车工况相适应的转向作用力。

（8）答：分类：电子控制动力转向系统，根据动力源不同可分为液压式电子控制动力转向系统和电动式电子控制动力转向系统；根据控制方式不同，液压式电子控制动力转向系统分为三类：流量控制式、反力控制式和阀灵敏度控制式；按照转向助力机构位置的不同，电动式电子控制动力转向系统分为三类：转向轴助力式、转向齿轮助力式和齿条助力式。

电子控制动力转向系统的优点为：可以显著降低燃油消耗；能够兼顾低速时的转向轻便性和高速时的操纵稳定性，回正性能好；结构紧凑，质量轻，生产线装配好，易于维护保养；容易与不同车型匹配，可以缩短生产和开发的周期。

（9）答：四轮转向的优点为：缩短转向动作过程；提高转向时的稳定性；提高转向操作随动性和正确性；变换车道容易和缩短最小转弯半径。

第20章 汽车制动系统

20.1 学习指导

20.1.1 本章基本内容与要点

本章基本内容：制动系统的功能、分类、组成及工作原理；制动器；机械式驻车制动系统的分类、组成；气压制动系统的分类、组成；制动防抱死系统(ABS)的组成、工作原理。

本章要点：汽车制动系统类型、组成及工作原理；鼓式制动器和盘式制动器的结构及工作原理；制动传动装置(机械、液压、气压)的组成及工作原理；制动力调节装置的类型、结构及工作原理；制动防抱死系统的基本知识。

20.1.2 名词术语

1. 制动系统：产生制动力的装置称为制动系统。
2. 领从蹄式制动器：在制动鼓正、反向旋转时，都有一个领蹄和一个从蹄的制动器即称为领从蹄式制动器。
3. 非平衡制动器：制动鼓所受两制动蹄法向力不能互相平衡的制动器为非平衡制动器。
4. 双领蹄制动器：在制动鼓正向旋转时，两制动蹄均为领蹄的制动器称为双领蹄制动器。
5. 制动器间隙：制动鼓的内圆面和制动蹄摩擦片之间留有一定的间隙称为制动器间隙。

20.1.3 分类、组成及基本工作原理

1. 制动系统的功用

汽车在行驶过程中会遇到各种情况，需要汽车减速、甚至停车；汽车在某处停放时，

要求停得稳、不溜滑，保证有良好的驻车性能。汽车制动系统必须满足这些要求，使汽车能安全高速地行驶。

2. 制动器的分类

根据旋转元件的不同，各类汽车广泛采用的摩擦制动器可分为鼓式和盘式两大类。

鼓式制动器根据制动蹄张开装置（也称促动装置）形式的不同，可分为轮缸式制动器和凸轮式制动器。轮缸式制动器按结构分领从蹄式、单向双领蹄式、双从蹄式、双向双领蹄式、单向自增力式、双向自增力式。

盘式制动器分为定钳盘式制动器和浮钳盘式制动器。

驻车制动器：又称手制动器或手刹，按其安装位置的不同可分为中央制动式和车轮制动式两种。

3. 制动系统的组成及工作原理

1）制动系统的组成

汽车的制动系统具有以下四个基本组成部分。

供能装置：供给、调节制动所需能量以及改善传能介质状态的部件。

控制装置：产生制动动作和控制制动效果的部件。

传动装置：将制动能量传输到制动器的部件。

制动器：产生阻碍车辆运动或运动趋势的力（制动力）的部件。

2）液压制动系统工作原理

制动时，驾驶员踩下制动踏板，推杆便推动制动主缸活塞，使制动主缸的制动液以一定的压力经过油管流入制动轮缸，推动制动轮缸活塞移动，驱动两制动蹄的上端向外张开，从而使摩擦片压紧在制动鼓的内圆面上。此时，不旋转的制动蹄就对旋转的制动鼓产生一个摩擦力矩，其方向与车轮旋转方向相反。制动鼓将该力矩传到车轮后，由于车轮与路面间有附着作用，车轮即对路面作用一个向前的周缘力。与此同时，路面会给车轮一个向后的反作用力，也就是车轮的制动力。

驾驶员不踏制动踩板时，制动主缸活塞、制动轮缸活塞及制动蹄摩擦片回位，蹄摩擦片与制动鼓的内圆面之间留出一定的间隙（简称制动器间隙），使制动鼓随车轮自由旋转，制动解除。

钳盘式制动器由制动盘、制动钳支架、活塞、摩擦片、制动油管等组成。制动盘与车轮固连，随车轮一并转动。制动时，从制动总泵流至制动分泵的制动液作用在制动盘两侧的活塞上，活塞推动摩擦片与制动盘接触，如同"钳夹"将制动盘钳住，阻碍制动盘转动，即在车轮上产生制动力。钳盘式制动器制动效能稳定，散热较好。

3）气压制动系统的组成及工作原理

气压制动系统由制动回路、供能装置、控制装置和传能装置组成。

制动时，踩下制动踏板，制动阀打开主储气筒与制动气室之间的通道，来自主储气筒的压缩空气经过制动阀分别进入前、后制动气室，前轮制动器和后轮制动器开始制动。解除制动时，放松制动踏板，制动阀重新关闭主储气筒与制动气室之间的通道，同时开启制动气室与大气的通道，制动气室的压缩空气通过制动阀泄到大气中，制动作用消失。

4. ABS的组成及工作原理

ABS是在普通制动系统的基础上加装车轮速度传感器、ABS电控单元、制动压力调节装置及制动控制电路等电子控制系统。

循环调压式 ABS 系统的制动压力调节装置串联在制动主缸与轮缸之间，通过电磁阀直接调节轮缸的制动压力，其工作过程分为常规制动、保压过程、减压过程和增压过程等。

常规制动过程中，ABS 系统不工作。此时制动主缸与轮缸直通，由制动主缸来的制动液直接进入轮缸，轮缸压力随主缸压力而增减。此时回油泵也不需工作。

轮速传感器检测到车轮有抱死信号时，ECU 即向电磁线圈通入一个较大电流，柱塞移到上端。此时制动主缸与轮缸的通路被切断，电磁阀将轮缸与回油通道或储液室接通，轮缸中制动液经电磁阀流入储液室，轮缸压力下降。与此同时，驱动电动机起动，带动回油泵工作，把流回储液器的制动液加压后输送到制动主缸，为下一个制动周期作准备。

当压力下降后车轮加速太快时，柱塞又回到初始位置。此时，ECU 便切断通往电磁阀的电流，主缸和轮缸再次相通，主缸中的高压制动液再次进入轮缸，使制动压力增加。车轮又接近趋于抱死状态。

20.2 习题与习题详解

20.2.1 本章习题

1. 填空题

（1）汽车制动系统包括_____、控制装置、传动装置和_____四个基本组成部分。

（2）根据制动系统的功用，制动系统可分为_____、驻车制动系统、应急制动系统和_____。

（3）根据制动能量的传输方式，制动系统可分为机械式制动系统、_____、气压式制动系统、电磁式制动系统和组合式制动系统等。

（4）根据旋转元件的不同，各类汽车广泛采用的摩擦制动器可分为_____和_____两大类。

（5）盘式制动器摩擦副中的旋转元件为圆盘状的_____，以其_____为工作表面。

（6）制动器根据安装位置不同可分为_____和_____。

（7）旋转元件固定在车轮或半轴上的制动器称为_____；旋转元件固定在传动系统传动轴上的制动器称为_____。

（8）根据制动蹄张开装置形式的不同，鼓式制动器可分为_____和_____。

（9）张开时的转动方向与制动鼓旋转方向相反的制动蹄称为_____。

（10）钳盘式制动器按制动钳的结构形式可分为_____和_____两种。

（11）人力制动系统按其传动装置的结构形式可分为_____和

_____两种。

(12) 制动力调节装置主要有_____、比例阀、_____和惯性阀等。

(13) ABS由轮速传感器、_____、_____三部分组成。

2. 选择题(单选或多选)

(1) 在汽车制动系统中,产生制动动作和控制制动效果的部件为(　　)。
　　A. 供能装置　　　B. 控制装置　　　C. 传动装置　　　D. 制动器

(2) 在汽车制动系统中,能供给调节制动所需能量,改善传能介质状态的部件为(　　)。
　　A. 供能装置　　　B. 控制装置　　　C. 传动装置　　　D. 制动器

(3) 根据制动系统的制动能源,制动系统可分为动力制动系统、伺服制动系统和(　　)。
　　A. 气压式制动系统　　　　　　B. 双回路制动系统
　　C. 人力制动系统　　　　　　　D. 辅助制动系统

(4) 制动系统中用以产生阻碍车辆运动或运动趋势的部件为(　　)。
　　A. 供能装置　　　B. 控制装置　　　C. 传动装置　　　D. 制动器

(5) 鼓式制动器摩擦副中的旋转元件为(　　)。
　　A. 制动鼓　　　　B. 制动蹄　　　　C. 制动底板　　　D. 制动轮缸

(6) 在制动鼓正、反向旋转时,两制动蹄均为领蹄的制动器称为(　　)。
　　A. 领从蹄式制动器　　　　　　B. 双向双领蹄制动器
　　C. 双从蹄制动器　　　　　　　D. 自增力式制动器

(7) 领从蹄式制动器属于(　　)。
　　A. 平衡式制动器　　　　　　　B. 非平衡式制动器
　　C. 自增力式制动器　　　　　　D. 不等促动力制动器

(8) 下列制动器中制动效能最高的为(　　)。
　　A. 领从蹄式　　　B. 双领蹄式　　　C. 双从蹄式　　　D. 自增力式

(9) 盘式车轮制动器自动调整制动器间隙的零件是(　　)。
　　A. 制动钳　　　　B. 制动盘　　　　C. 活塞　　　　　D. 密封圈

(10) 制动系统中,能防止侧滑甩尾的装置有(　　)。
　　A. 传动装置　　　　　　　　　B. 制动主缸
　　C. ABS防抱死装置　　　　　　 D. 制动轮缸

(11) 用于停车后防止汽车滑溜的制动装置是(　　)。
　　A. 行车制动装置　　　　　　　B. 驻车制动装置
　　C. 应急制动装置　　　　　　　D. 辅助制动装置

(12) 汽车制动时,制动力的大小取决于(　　)。
　　A. 汽车的载质量　　　　　　　B. 制动力矩
　　C. 车速　　　　　　　　　　　D. 轮胎与地面的附着条件

(13) 我国国家标准规定任何一辆汽车都必须具有(　　)。
　　A. 行车制动系　　B. 驻车制动系　　C. 第二制动系　　D. 辅助制动系

(14) 国际标准化组织ISO规定(　　)必须能实现渐进制动。

A. 行车制动系　　B. 驻车制动系　　C. 第二制动系　　D. 辅助制动系

(15) 下列制动器属于平衡式制动器的是（　　）。

A. 领从蹄式　　B. 双领蹄式　　C. 双向双领蹄式　　D. 双从蹄式

3. 判断改错题

(1) 凸轮式制动器以凸轮作为促动装置，多为液压制动系统所采用。（　　）

改正：

(2) 双领蹄式制动器是平衡式制动器。（　　）

改正：

(3) 凸轮式制动器是等促动力制动器。（　　）

改正：

(4) 张开时的旋转方向与制动鼓的旋转方向相同的制动蹄称为从蹄。（　　）

改正：

(5) 制动主缸的作用是将踏板机构输入的机械能转换成液压能。（　　）

改正：

(6) 气压制动系统的制动回路一般采用单回路。（　　）

改正：

(7) 车轮滑移率越大，说明车轮在运动中滑动成分所占的比例越大。（　　）

改正：

4. 名词解释

(1) 制动力

(2) 制动系

(3) 领从蹄式制动器

(4) 非平衡制动器

(5) 双领蹄制动器

(6) 制动器间隙

5. 问答题

(1) 制动系统的功能有哪些？它由哪些装置组成？

(2) 试说明制动系统的一般工作原理。

(3) 鼓式制动器有几种形式？根据制动蹄受力的不同，画出鼓式制动器不同的结构简图，并说明领从蹄式制动器的结构特点及其应用。

(4) 常见的盘式制动器有几种形式？各具有什么特点？

(5) 盘式制动器与鼓式制动器相比，具有哪些优缺点？

(6) 气压制动系统和液压制动系统相比各具有哪些特点？

(7) 气压制动系统包括哪些主要部件？各部件有何作用？

(8) 液压制动系统包括哪些主要部件？各部件有何作用？

(9) 汽车的制动力为什么要进行调节？制动力调节装置主要有哪些？各有何作用？

(10) ABS 制动防抱死系统有何作用？它主要由哪些装置组成？它有哪几个工作状态？

20.2.2 习题详解

1. 填空题

(1) 供能装置　制动器

(2) 行车制动系统　辅助制动系统

(3) 液压式制动系统

(4) 盘式　鼓式

(5) 制动盘　端面

(6) 车轮制动器　中央制动器

(7) 车轮制动器　中央制动器

(8) 轮缸式制动器　凸轮式制动器

(9) 从蹄

(10) 定钳盘式　浮钳盘式

(11) 机械式　液压式

(12) 限压阀　感载阀

(13) 电子控制器　液压调节器

2. 选择题（单选或多选）

(1) B　(2) A　(3) C　(4) D　(5) A　(6) B

(7) B　(8) D　(9) D　(10) C　(11) B　(12) B D

(13) A B　(14) A C　(15) B C D

3. 判断改错题

(1)（×）。改正："液压式"改为"气压式"

(2)（√）。

(3)（×）。改正："等促动力"改为"领从蹄式"

(4)（×）。改正："从蹄"改为"领蹄"

(5)（√）。

(6)（×）。改正："单回路"改为"双回路"

(7)（√）。

4. 名词解释

(1) 制动力：要使行驶中的汽车减速或停车，必须强制对汽车施加一个与汽车行驶方向相反的力，这个力叫做制动力。

(2) 制动系统：产生制动力的装置称为制动系统。

(3) 领从蹄式制动器：在制动鼓正、反向旋转时，都有一个领蹄和一个从蹄的制动器称为领从蹄式制动器。

(4) 非平衡制动器：制动鼓所受两制动蹄法向力不能互相平衡的制动器为非平衡制动器。

(5) 双领蹄制动器：在制动鼓正向旋转时，两制动蹄均为领蹄的制动器称为双领蹄制动器。

(6) 制动器间隙：制动鼓的内圆面和制动蹄摩擦片之间留有一定的间隙称为制动器间隙。

5. 问答题

(1) 答：功能：使行驶中的汽车减速或停车；维持汽车下坡行驶时稳定的车速；使汽车原地可靠停车。组成：供能装置、控制装置、传动装置、制动器。

(2) 答：如图 20.1 所示，不制动时，制动鼓的内圆面和制动蹄摩擦片之间留有一定的间隙，使制动鼓随车轮可自由旋转，制动系统不起作用；制动时，驾驶员踏下制动踏板，推杆便推动制动主缸活塞，使制动主缸的制动液以一定的压力经过油管流入制动轮缸，推动轮缸活塞移动，驱动两制动蹄的上端向外张开，从而使摩擦片压紧在制动鼓的内圆面上。此时，不旋转的制动蹄就对旋转的制动鼓产生一个摩擦力矩 T_μ，其方向与车轮旋转方向相反。制动鼓将该力矩传到车轮后，由于车轮与路面间有附着作用，车轮即对路面作用一个向前的周缘力 F_μ。与此同时，路面会给车轮一个向后的反作用力，也就是车轮的制动力 F_B。制动力迫使整个汽车产生一定的减速度。放松制动踏板时，制动蹄回到原位，制动鼓和制动蹄的间隙又恢复，制动力矩和制动力消失，制动作用解除。

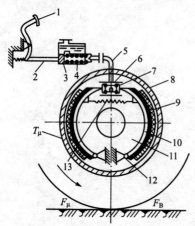

图 20.1 制动系统原理示意图

1—制动踏板；2—推杆；3—主缸活塞；
4—制动主缸；5—油管；6—制动轮缸；
7—制动鼓；8—摩擦片；9—摩擦片；
10—制动蹄；11—制动底板；
12—支承销；13—制动
蹄回位弹簧

(3) 答：鼓式制动器根据制动蹄张开装置形式的不同，可分为轮缸式制动器和凸轮式制动器。轮缸式制动器按制动蹄的受力情况不同，可分为领从蹄式、单向双领蹄式、双从蹄式、双向双领蹄式、单向自增力式、双向自增力式等类型，如图 20.2 所示。

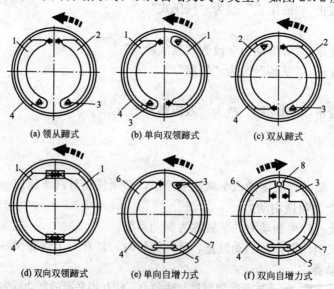

(a) 领从蹄式 (b) 单向双领蹄式 (c) 双从蹄式
(d) 双向双领蹄式 (e) 单向自增力式 (f) 双向自增力式

图 20.2 各种鼓式制动器示意图

1—领蹄；2—从蹄；3—固定支承销；4—制动鼓；5—传力杆；
6—第一制动蹄；7—第二制动蹄；8—双向支承销

领从蹄式制动器制动效能比较稳定，结构简单可靠，便于安装，广泛用作货车的前、后轮制动器和轿车的后轮制动器。

（4）答：盘式制动器分为钳盘式和全盘式两类。钳盘式制动器散热能力强，热稳定性好。在重型载货汽车上，要求有更大的制动力，为此采用全盘式制动器。全盘式制动器摩擦副的固定元件和旋转元件都是圆盘形的，分别称为固定盘和旋转盘。制动盘的全部工作面可同时与摩擦片接触，其结构原理与摩擦离合器相似。

（5）答：盘式制动器工作表面为平面且两面传热，圆盘旋转容易冷却，不易发生较大变形，制动效能较为稳定，长时间使用后制动盘因高温膨胀制动作用增强，盘式制动器结构简单，维修方便，易实现制动间隙自动调整。缺点：无自动摩擦增力作用，制动效能较低，用于液压制动系统时若所需制动促动管路压力较高，须另行装设动力辅助装置，兼用于驻车制动时，加装的驻车制动传动装置比鼓式制动器要复杂，在后轮上的应用受到限制。

（6）答：气压制动系统的制动能源是空压机产生的压缩空气，而驾驶员肌体仅作为控制能源。供能装置、传动装置全都是气压式，控制装置由制动踏板机构和制动阀等气压控制元件组成。驾驶员通过控制踏板的行程，调整气体压力的大小而获得不同制动强度的制动力。气压制动系统踏板行程较短，操纵轻便，制动力较大，结构复杂，制动不如液压式柔和，在中、重型汽车上得到广泛应用。

（7）答：主要部件有：空压机、调压阀、安全阀、制动阀、快放阀、制动气室等。各部件作用：空压机的作用是产生压缩空气；调压阀的作用是调节供气管路中压缩空气的压力，使之保持在规定的压力范围内，且在过载时实现空压机的卸荷空转，以减少发动机的功率损失；安全阀的作用是在调压阀或空压机卸荷装置失效时防止湿储气筒内的气体压力过高；制动阀的作用是控制储气筒进入各个车轮制动气室和挂车制动阀的压缩空气量，用以保证随动作用以及足够强的踏板感，控制汽车是否制动以及制动的强度；快放阀的作用是保证快速充气和放气；制动气室的作用是将输入的压缩空气压力转变为转动制动凸轮的机械推力，使车轮制动器产生制动力矩。

（8）答：主要部件有：制动主缸（制动总泵）、制动轮缸、真空助力器。各部件作用：制动主缸的作用是将踏板机构输入的机械能转换成液压能；制动轮缸的作用是将从制动主缸输入的液压能转变为机械能，以使制动器进入工作状态；真空助力器利用真空度对制动踏板进行助力。

（9）答：为了使前后轮制动管路压力的实际分配特性曲线在不同程度上接近于相应的理想分配特性曲线。制动力调节装置主要有限压阀、比例阀、感载阀和惯性阀。限压阀的作用是当前、后制动管路压力由零同步增长到一定值后，自动将后制动管路压力限定在该值不变，避免后轮抱死。比例阀（又称 P 阀）的作用是当前、后制动管路压力同步增长到一定值后，自动对后制动管路压力的增长加以节制，也就是使后制动管路压力的增量按一定比例小于前制动管路压力的增量。感载阀的作用是根据感应载荷的变化，调节前、后制动管路压力。惯性阀的作用是根据汽车制动时作用在汽车重心上的惯性力，自动调节前、后轮上的制动力。

（10）答：防止汽车制动时车轮抱死，并把车轮的滑移率保持在 10%～30% 的范围内。ABS 制动防抱死系统主要由车轮速度传感器、ABS 电控单元、制动力调节装置及制动控制电路等组成。

ABS 制动防抱死系统的工作状态主要有常规制动、减压制动、保压制动和增压制动。

第 21 章 新能源汽车

21.1 学习指导

21.1.1 本章基本内容与要点

本章基本内容：新能源汽车的定义、分类；纯电动汽车的定义、组成及原理；纯电动汽车及其组成部件的主要特点；混合动力电动汽车的含义、种类及其特点；燃料电池电动汽车的含义、组成及其特点；天然气汽车的定义、分类及其结构特点。

本章要点：新能源汽车的定义及分类；纯电动汽车的组成及主要部件；混合动力电动汽车的含义及分类；燃料电池电动汽车的组成及工作原理；天然气汽车的基本知识。

21.1.2 名词术语

1. 新能源汽车：采用非常规的车用燃料作为动力来源（或使用常规的车用燃料、采用新型车载动力装置），综合车辆的动力控制和驱动方面的先进技术，形成的技术原理先进、具有新技术、新结构的汽车。

2. 电动汽车：包括纯电动汽车、混合动力电动汽车和燃料电池电动汽车三种形式。纯电动汽车以车载电能储存装置（如电池）为动力源，以电动机为驱动系统；混合动力电动汽车具有两种或两种以上的动力源，其中一种动力源可以传递电能；燃料电池电动汽车以燃料电池为动力源。

3. 两用燃料汽车：具有两套独立的燃料供给系统，两套系统可分别但不能同时向气缸供给燃料，只能有一种燃料在气缸内燃烧，如汽油-液化石油气两用燃料汽车、汽油-压缩天然气两用燃料汽车等。

4. 双燃料汽车：具有两套燃料供给系统，两套系统按预定的比例同时向气缸供给燃料，两种燃料在气缸内混合燃烧，如柴油-液化石油气双燃料汽车、柴油-压缩天然气双燃料汽车等。

5. 纯电动汽车：一般由电动机驱动，电动机的驱动能源来源于蓄电池，因此其结构和燃油汽车明显不同，纯电动汽车主要由电力驱动系统、电源系统和辅助系统三部分组成。

6. 燃料电池电动汽车：指采用燃料电池作为能源的电动汽车。燃料电池电动汽车与纯电动汽车除了动力源不同之外，其驱动电动机、传动系统等部件都完全相同。

7. 串联混合动力电动汽车：由发动机带动发电机，发电机的电能向动力电池组充电，电池组的输出电能经过控制器输入电动机，电动机输出的转矩经机械传动系统驱动车轮。

8. 并联混合动力电动汽车：由两套动力驱动系统构成。第一套是发动机的动力通过与离合器的接合传至传动系统，与传统的汽车结构和原理完全一样；第二套是电驱动系统，蓄电池的电能通过控制器输入电动机，电动机输出的转矩经离合器、传动轴和传动系统驱动车轮。

9. 混联混合动力电动汽车：由发动机、发电机、电动机、变速器组成的一体化结构，同时兼具串联和并联混合动力电动汽车的特点。它通过实时的电子计算机控制工作过程，实现发动机与电动机的优化耦合，共同驱动汽车运行。

21.1.3　分类、组成及基本工作原理

1. 新能源汽车的分类

新能源汽车分为醇类汽车、燃气汽车、电动汽车、两用燃料汽车、双燃料汽车、太阳能汽车等类型。

2. 混合动力电动汽车的分类

混合动力电动汽车按驱动方案分为三种基本类型：串联式 SHEV(Series HEV)、并联式 PHEV(Parallel HEV)和混联式 CHEV(Combined HEV)。

3. 纯电动汽车的组成及工作原理

纯电动汽车主要由电力驱动系统、电源系统和辅助系统三部分组成。

汽车行驶时，蓄电池通过控制系统向电动机供电，电动机将电能转换为机械能，机械动力通过传动系统传递给驱动轮。由驾驶员操纵的制动踏板和加速踏板上都安装有传感器。加速踏板位置传感器将加速踏板的位置变成电信号送入电子控制器，从而控制汽车的行驶速度；当汽车制动时，制动踏板位置传感器将制动踏板的位置变成电信号送入电子控制器，从而回收汽车的制动能量。

4. 天然气汽车的组成

天然气汽车与普通内燃机汽车相比，在结构上主要增加天然气供给系统。车用天然气供给系统主要由储气部件、供气部件、燃料转换部件和控制部件等组成。其中储气部件主要包括充气装置、天然气气瓶、气压显示装置和手动截止阀等；供气部件主要包括天然气过滤器、减压调节器、混合器、低压软管及循环水软管等；燃料转换部件主要包括油/气转换开关、天然气截止阀和汽油截止阀等。

5. 串联式 SHEV(Series HEV)混合动力汽车的工作原理

串联混合动力电动汽车 SHEV(Series Hybrid Electric Vehicle)由发动机带动发电机，

发电机的电能向动力电池组充电，电池组的输出电能经过控制器输入电动机，电动机输出的转矩经机械传动系统驱动车轮。

串联式混合动力电动汽车的发动机为辅助动力装置，能够控制在油耗和排放最低的最佳工况区相对稳定运行，除带动空调压缩机等附件外，带动发电机时，它所发出的电可直接供电动机或蓄电池使用。当汽车在起步、加速、爬坡或高速行驶需要较大的功率而发电机无法满足时，电池组可提供额外的电能。当汽车低速行驶、滑行、制动减速或停车时，发电机发出的功率若超过汽车的动力需求，多余的电能将向电池组充电。

6. 并联式 PHEV(Parallel HEV)混合动力汽车的工作原理

并联混合动力电动汽车 PHEV(Parallel Hybrid Electric Vehicle)由两套动力驱动系统构成。第一套是发动机的动力通过与离合器的接合传至传动系统，与传统的汽车结构和原理完全一样；第二套是电驱动系统，蓄电池的电能通过控制器输入电动机，电动机输出的转矩经离合器、传动轴和传动系统驱动车轮。

并联式混合动力电动汽车的两套动力驱动系统以机械能叠加的方式驱动汽车，发动机通过变速装置和驱动桥直接相连，电动机可用作平衡发动机所受的载荷，使发动机能在高效率区域工作。但由于发动机和驱动桥是机械连接，在城市工况时发动机并不能运行在最佳工况点，车辆的燃油经济性比串联式的要差。

7. 混联式 CHEV(Combined HEV)混合动力汽车的工作原理

混联混合动力电动汽车 CHEV(Combined Hybrid Electric Vehicle)是由发动机、发电机、电动机、变速器组成的一体化结构，同时兼具串联和并联混合动力电动汽车的特点。它通过实时的电子计算机控制工作过程，实现发动机与电动机的优化耦合，共同驱动汽车运行。

发动机发出的功率一部分通过机械传动输送给驱动桥，另一部分驱动发电机发电。发电机发出的电能输送给电动机或蓄电池，电动机产生的驱动力矩通过动力耦合装置传送给驱动桥，该耦合装置可以为动力切换系统或动力分配系统。

动力切换系统用于在串联式或并联式两种驱动方式间切换。当车辆低速低负荷行驶时，离合器分离，驱动系统主要以串联方式工作；当汽车负荷较大、高速稳定行驶时，驱动系统则以并联方式工作。

21.2 习题与习题详解

21.2.1 本章习题

1. 填空题

(1) 电动汽车包括_____、_____和_____三种形式。

(2) 新能源汽车包括的范围比较广，大体上可分为_____、_____、_____、两用燃料汽车、_____、_____等类型。

(3) 纯电动汽车以车载电能储存装置为_____，以电动机为_____。

(4) 纯电动汽车主要由_____、_____和_____三部分组成。

(5) 迄今为止，在电动汽车上普遍使用的动力电池有_____、_____和锂离子电池等。

(6) 混合动力电动汽车指将_____与_____组合在一辆汽车上做驱动力，装有两个以上动力源的汽车。

(7) 混合动力电动汽车是在_____汽车和_____汽车的基础上发展起来的。

(8) 混合动力电动汽车按驱动方案分为三种基本类型：_____、_____和_____。

(9) 目前燃料电池汽车的燃料电池主要以_____电池为主。

(10) 目前应用较广泛的一类新能源汽车是_____汽车。

2. 选择题（单选或多选）

(1) 新能源汽车包括的范围比较广，除了醇类汽车、燃气汽车、电动汽车外还包括(　　)。
    A. 两用燃料汽车　　B. 双燃料汽车　　C. 太阳能汽车　　D. 内燃机汽车

(2) 电动汽车的几种形式包括(　　)。
    A. 纯电动汽车　　　　　　　　　　B. 混合动力电动汽车
    C. 太阳能汽车　　　　　　　　　　D. 燃料电池电动汽车

(3) 纯电动汽车的主要组成部分包括(　　)。
    A. 电力驱动系统　　　　　　　　　B. 电源系统
    C. 辅助系统　　　　　　　　　　　D. 传动系统

(4) 电动汽车的发展瓶颈体现在(　　)。
    A. 电池能量密度低　　　　　　　　B. 充电时间长
    C. 可靠性差　　　　　　　　　　　D. 价格高

(5) 目前制约电动汽车发展的关键因素是(　　)。
    A. 电池　　　　B. 电动机　　　　C. 发动机　　　　D. 底盘

(6) 在电动汽车上普遍使用的动力电池有(　　)。
    A. 铅酸电池　　B. 镍氢电池　　　C. 锂离子电池　　D. 燃料电池

(7) 电动汽车最早采用的电动机是(　　)。
    A. 直流电动机　　　　　　　　　　B. 异步电动机
    C. 永磁同步电动机　　　　　　　　D. 开关磁阻电动机

(8) 混合动力电动汽车与常规的内燃机汽车相比，其主要优点有(　　)。
    A. 减小发动机尺寸　　　　　　　　B. 提高效率
    C. 降低排放　　　　　　　　　　　D. 提高动力性

(9) 混合动力电动汽车中最适合在大型客车上使用的是(　　)。
    A. 串联式　　　B. 并联式　　　　C. 混联式　　　　D. 一般式

(10) 被誉为是世界上最环保、高效、低公害的汽车，并且代表着未来汽车工业的发展方向的新能源汽车是(　　)。
    A. 两用燃料汽车　　　　　　　　　B. 电动汽车
    C. 燃料电池电动汽车　　　　　　　D. 太阳能汽车

3. 判断改错题

(1) 新能源汽车只包括纯电动汽车和混合动力汽车两类。(   )
改正：

(2) 两用燃料汽车和双燃料汽车在技术上没有什么区别。(   )
改正：

(3) 混合动力电动汽车具有两种或两种以上的动力源，其中一种动力源可以传递电能。(   )
改正：

(4) 纯电动汽车电力驱动系统的主要作用是向电动机提供动力源，监测蓄电池工作状态，并控制充电器向蓄电池充电。(   )
改正：

(5) 电动汽车的发展瓶颈体现在电池技术方面。(   )
改正：

(6) 电动汽车的驱动电机最早采用的是直流电动机。(   )
改正：

(7) 混合动力电动汽车与常规的内燃机汽车相比，其主要优点是采用低功率的能量储存装置(飞轮、超级电容器或蓄电池)向汽车提供瞬时能量。(   )
改正：

(8) 串联式混合动力电动汽车最适合在轿车上使用。(   )
改正：

(9) 并联混合动力电动汽车 PHEV 比较适合于经常在城市道路上行驶的车辆采用。(   )
改正：

(10) 天然气汽车可以说是世界上最环保、高效、低公害的汽车，代表着未来汽车工业的发展方向。(   )
改正：

(11) 燃料电池电动汽车被认为是具有推广价值的低污染汽车，尤其适合于城市公共交通和出租汽车使用，已在世界范围内得到广泛应用。(   )
改正：

4. 名词解释

(1) 新能源汽车
(2) 电动汽车
(3) 两用燃料汽车
(4) 双燃料汽车
(5) 纯电动汽车(EV)
(6) 燃料电池电动汽车(FCEV)
(7) 串联混合动力电动汽车(SHEV)
(8) 并联混合动力电动汽车(PHEV)
(9) 混联混合动力电动汽车(CHEV)

(10) 燃气汽车

5. 问答题

(1) 新能源汽车的定义是什么？它是如何分类的？
(2) 简述纯电动汽车的组成与工作原理。
(3) 纯电动汽车的组成与传统内燃机汽车有哪些异同？
(4) 与传统内燃机汽车相比，纯电动汽车的优点是什么？
(5) 电动汽车的分类如何？各种电动汽车是如何定义的？
(6) 纯电动汽车系统包括哪些组成部分？各组成部分的作用是什么？
(7) 电动汽车用动力电池有哪些主要类型？各有何优缺点？
(8) 电动汽车用驱动电机有哪些主要类型？
(9) 什么是混合动力电动汽车？
(10) 混合动力电动汽车有哪几种类型？各种类型有何特点？
(11) 什么是燃料电池汽车？其优点是什么？
(12) 试说明燃料电池的工作原理。
(13) 天然气汽车的特点有哪些？

21.2.2 习题详解

1. 填空题

(1) 纯电动汽车　混合动力电动汽车　燃料电池电动汽车
(2) 醇类汽车　燃气汽车　电动汽车　双燃料汽车　太阳能汽车
(3) 动力源　驱动系统
(4) 电力驱动系统　电源系统　辅助系统
(5) 铅酸电池　镍氢电池
(6) 电动机　辅助动力单元
(7) 纯电动　内燃机
(8) 串联式　并联式　混联式
(9) 氢燃料
(10) 天然气

2. 选择题（单选或多选）

(1) ABC　　(2) ABD　　(3) ABC　　(4) ABCD　　(5) A　　(6) ABC
(7) A　　(8) ABC　　(9) A　　(10) C

3. 判断改错题

(1)（×）。改正："只包括纯电动汽车和混合动力汽车两类"改为"包括醇类汽车、燃气汽车、电动汽车、两用燃料汽车、双燃料汽车、太阳能汽车等类型。
(2)（×）。改正："没有什么区别"改为"有区别"
(3)（√）。
(4)（×）。改正："电力驱动系统"改为"电源系统"

(5)（√）。

(6)（√）。

(7)（×）。改正："低"改为："高"

(8)（×）。改正："轿车"改为"大型客车"

(9)（×）。改正："城市道路"改为"郊区和高速公路"

(10)（×）。改正："天然气"改为"燃料电池电动"

(11)（×）。改正："燃料电池电动"改为"天然气"

4. 名词解释

(1) 新能源汽车：采用非常规的车用燃料作为动力来源（或使用常规的车用燃料、采用新型车载动力装置），综合车辆的动力控制和驱动方面的先进技术，形成的技术原理先进、具有新技术、新结构的汽车。

(2) 电动汽车：包括纯电动汽车、混合动力电动汽车和燃料电池电动汽车三种形式。纯电动汽车以车载电能储存装置（如电池）为动力源，以电动机为驱动系统；混合动力电动汽车具有两种或两种以上的动力源，其中一种动力源可以传递电能；燃料电池电动汽车以燃料电池为动力源。

(3) 两用燃料汽车：具有两套独立的燃料供给系统，两套系统可分别但不能同时向气缸供给燃料，只能有一种燃料在气缸内燃烧，如汽油-液化石油气两用燃料汽车、汽油-压缩天然气两用燃料汽车等。

(4) 双燃料汽车：具有两套燃料供给系统，两套系统按预定的比例同时向气缸供给燃料，两种燃料在气缸内混合燃烧，如柴油-液化石油气双燃料汽车、柴油-压缩天然气双燃料汽车等。

(5) 纯电动汽车（EV）：一般由电动机驱动，电动机的驱动能源来源于蓄电池，因此其结构和燃油汽车明显不同，纯电动汽车主要由电力驱动系统、电源系统和辅助系统三部分组成。

(6) 燃料电池电动汽车（FCEV）：指采用燃料电池作为能源的电动汽车。燃料电池电动汽车与纯电动汽车除了动力源不同之外，其驱动电动机、传动系统等部件都完全相同。

(7) 串联混合动力电动汽车（SHEV）：由发动机带动发电机，发电机的电能向动力电池组充电，电池组的输出电能经过控制器输入电动机，电动机输出的转矩经机械传动系统驱动车轮。

(8) 并联混合动力电动汽车（PHEV）：由两套动力驱动系统构成。第一套是发动机的动力通过与离合器的接合传至传动系统，与传统的汽车结构和原理完全一样；第二套是电驱动系统，蓄电池的电能通过控制器输入电动机，电动机输出的转矩经离合器、传动轴和传动系驱动车轮。

(9) 混联混合动力电动汽车（CHEV）：由发动机、发电机、电动机、变速器组成的一体化结构，同时兼具串联和并联混合动力电动汽车的特点。它通过实时的电子计算机控制工作过程，实现发动机与电动机的优化耦合，共同驱动汽车运行。

(10) 燃气汽车：指燃烧气体的汽车，如天然气汽车（燃烧天然气）、液化石油气汽车（燃烧液化石油气）、氢气汽车（燃烧氢气）等。

5. 问答题

(1) 答：根据我国《汽车产业发展政策》等有关规定，2009年6月17日，工业和信息化部发布了《新能源汽车生产企业及产品准入管理规则》。该规则对新能源汽车给出了明确的定义：新能源汽车是指采用非常规的车用燃料作为动力来源（或使用常规的车用燃料、采用新型车载动力装置），综合车辆的动力控制和驱动方面的先进技术，形成的技术原理先进、具有新技术、新结构的汽车。

新能源汽车包括的范围比较广，大体上可分为醇类汽车、燃气汽车、电动汽车、两用燃料汽车、双燃料汽车、太阳能汽车等类型。

(2) 答：纯电动汽车（EV）一般由电动机驱动，电动机的驱动能源来源于蓄电池，因此其结构和燃油汽车明显不同。纯电动汽车主要由电力驱动系统、电源系统和辅助系统三部分组成。

汽车行驶时，蓄电池通过控制系统向电动机供电，电动机将电能转换为机械能，机械动力通过传动系统传递给驱动轮。由驾驶员操纵的制动踏板和加速踏板上都安装有传感器。加速踏板位置传感器将加速踏板的位置变成电信号送入电子控制器，从而控制汽车的行驶速度；当汽车制动时，制动踏板位置传感器将制动踏板的位置变成电信号送入电子控制器，从而回收汽车的制动能量。

(3) 答：电动汽车与传统的燃油汽车在结构上的主要区别是由电动机取代内燃机，另外在能源、储能装置、传动系统等方面也有所不同。用电动机代替内燃机及其附属装置（即润滑、冷却、进排气系统等），使其结构简单；在动力传动装置上，取消燃料箱和燃料控制系统，代之以电源系统、电子控制系统等。

(4) 答：相对传统的内燃机汽车，纯电动汽车具有如下优点：运行时几乎无污染，噪声低；效率高；结构简单，维修方便。

(5) 答：电动汽车包括纯电动汽车、混合动力电动汽车和燃料电池电动汽车三种形式。纯电动汽车以车载电能储存装置（如电池）为动力源，以电动机为驱动系统；混合动力电动汽车具有两种或两种以上的动力源，其中一种动力源可以传递电能；燃料电池电动汽车以燃料电池为动力源。

(6) 答：纯电动汽车主要由电力驱动系统、电源系统和辅助系统三部分组成。

电力驱动系统的主要作用是将蓄电池中储存的电能转化为驱动汽车行驶的动能，并能够在汽车制动时回收部分制动能量给蓄电池充电。电源系统的主要作用是向电动机提供动力源，监测蓄电池工作状态，并控制充电器向蓄电池充电。辅助系统为汽车提供辅助动力源、空调、动力转向系统等。

(7) 答：在电动汽车上普遍使用的动力电池有铅酸电池、镍氢电池和锂离子电池等。

① 铅酸电池是目前最成熟的电动汽车动力电池。它成本低、可靠性好、适用性强、大电流放电性能好、原材料易得。但需要突破提高比能量和比功率、提高循环使用寿命和快速充电三大技术难题。

② 镍氢电池是20世纪90年代发展起来的一种新型碱性蓄电池，具有比能量高、功率高、可循环充放电、安全可靠等优点。但仍受高温性能、储存性能、循环寿命、电池组管理系统以及成本等的约束。

③ 锂离子电池是一种综合性能最优的新型高能电池。在容量、功率方面均具有较大

优势,具有电压高、比能量高、充放电寿命长、无记忆效应、无污染、快速充电、自放电率低、安全可靠等优点。主要存在的问题是快速放电性能差、成本高以及过充放电保护等。

(8) 答:按结构及工作原理主要分为直流电动机、无刷直流电动机、异步电动机、永磁同步电动机和开关磁阻电动机等类型。

(9) 答:混合动力电动汽车(HEV)就是指装有两个以上动力源(包括有电动机驱动)的汽车。其动力源有多种,包括各种蓄电池、太阳能电池、燃料电池、燃料发动机等。

(10) 答:混合动力电动汽车是在纯电动汽车和内燃机汽车的基础上发展起来的,按驱动方案分为三种基本类型:串联式、并联式和混联式。

与串联式混合动力电动汽车相比,并联式混合动力电动汽车具有效率高、能量转换效率高、可以采用小功率的发动机和电动机、质量小等优点,所以 PHEV 比较适合于经常在郊区和高速公路上行驶的车辆采用。

由于混联混合动力电动汽车能充分发挥串联式和并联式的优点,能够使发动机、发电机和电动机等部件进行更多的优化匹配,从而在结构上保证了在更复杂工况下使系统在最优状态工作,所以更容易实现油耗和排放的控制目标,因此是目前最具影响力的混合动力电动汽车。

串联式混合动力电动汽车从总体结构上看,比较简单、容易控制,电力驱动是唯一的驱动模式,其特点趋近于纯电动汽车。在中小型混合动力电动汽车上布置有一定的困难。能量转换效率比内燃机汽车要低,故串联式混合动力电动汽车最适合在大型客车上使用,如在城区行驶的公共汽车。

(11) 答:燃料电池电动汽车是指采用燃料电池作为能源的电动汽车。燃料电池电动汽车与纯电动汽车除了动力源不同之外,其驱动电动机、传动系统等部件都完全相同。

与传统内燃机汽车相比,燃料电池电动汽车具有以下优点:
① 能量直接转换,转换效率高,理论上可达 100%,实际上已达 60%~80%;
② 能量应用效率高,排放污染低,几乎可以达到零排放,具备使用替代燃料的可能性;
③ 低噪声,无振动,安静舒适;
④ 燃料补充容易,可迅速获得动力;
⑤ 低负载状态下有较高的效率。

因此,燃料电池电动汽车可以说是世界上最环保、高效、低公害的汽车,代表着未来汽车工业的发展方向。

(12) 答:目前的燃料电池主要以氢燃料电池为主。氢燃料电池是一种电化学发电装置,把化学能直接转化为电能,其基本原理是电解水的逆反应:把加注的氢和空气中的氧分别供给阴极和阳极,氢通过阴极向外扩散和电解质发生反应后,分解为氢离子和电子,产生电流;同时氢离子通过外部负载到达阳极,与氧结合生成水。为了输出足够的电能来驱动汽车,需要将一定数量的燃料电池单体串联起来构成燃料电池组。

(13) 答:与传统内燃机汽车相比,天然气汽车具有经济性好、排放低、噪声小、安全性能高、维修费用低、冬季起动性好等优点,但同时存在动力性下降、行驶距离短、汽车用户初始投资大、供气体系建设有难度、气瓶体积大且布置困难等缺点。

北京大学出版社汽车类教材书目

序号	书 名	标准书号	著作者	定价	出版日期
1	汽车构造(第2版)	978-7-301-19907-7	肖生发，赵树朋	56	2014.1
2	汽车构造学习指导与习题详解	978-7-301-22066-5	肖生发	26	2014.1
3	汽车发动机原理(第2版)	978-7-301-21012-3	韩同群	42	2013.5
4	汽车设计	978-7-301-12369-0	刘涛	45	2008.1
5	汽车运用基础	978-7-301-13118-3	凌永成，李雪飞	26	2008.1
6	现代汽车系统控制技术	978-7-301-12363-8	崔胜民	36	2008.1
7	汽车电气设备实验与实习	978-7-301-12356-0	谢在玉	29	2008.2
8	汽车试验测试技术	978-7-301-12362-1	王丰元	26	2013.6
9	汽车运用工程基础(第2版)	978-7-301-21925-6	姜立标	34	2013.1
10	汽车制造工艺（第2版）	978-7-301-22348-2	赵桂范，杨娜	40	2013.4
11	汽车工程概论	978-7-301-12364-5	张京明，江浩斌	36	2008.6
12	汽车运行材料（第2版）	978-7-301-22525-7	凌永成	45	2013.7
13	汽车试验学	978-7-301-12358-4	赵立军，白欣	28	2013.5
14	内燃机构造	978-7-301-12366-9	林波，李兴虎	26	2011.12
15	汽车故障诊断与检测技术	978-7-301-13634-8	刘占峰，林丽华	34	2013.8
16	汽车维修技术与设备	978-7-301-13914-1	凌永成，赵海波	30	2013.5
17	热工基础	978-7-301-12399-7	于秋红	34	2009.2
18	汽车检测与诊断技术	978-7-301-12361-4	罗念宁，张京明	30	2009.1
19	汽车评估	978-7-301-14452-7	鲁植雄	25	2012.5
20	汽车车身设计基础	978-7-301-15619-3	王宏雁，陈君毅	28	2009.9
21	汽车车身轻量化结构与轻质材料	978-7-301-15620-9	王宏雁，陈君毅	25	2009.9
22	车辆自动变速器构造原理与设计方法	978-7-301-15609-4	田晋跃	30	2009.9
23	新能源汽车技术	978-7-301-15743-5	崔胜民	32	2012.10
24	工程流体力学	978-7-301-12365-2	杨建国，张兆营等	35	2011.12
25	高等工程热力学	978-7-301-16077-0	曹建明，李跟宝	30	2010.1
26	汽车电气设备（第2版）	978-7-301-16916-2	凌永成，李淑英	38	2013.5
27	现代汽车发动机原理	978-7-301-17203-2	赵丹平，吴双群	35	2013.8
28	现代汽车新技术概论	978-7-301-17340-4	田晋跃	35	2013.5
29	现代汽车排放控制技术	978-7-301-17231-5	周庆辉	32	2012.6
30	汽车服务工程	978-7-301-16743-4	鲁植雄	36	2013.1
31	汽车使用与管理	978-7-301-18761-6	郭宏亮，张铁军	39	2013.6
32	汽车数字开发技术	978-7-301-17598-9	姜立标	40	2010.8
33	汽车人机工程学	978-7-301-17562-0	任金东	35	2013.5
34	专用汽车结构与设计	978-7-301-17744-0	乔维高	45	2010.9
35	汽车空调	978-7-301-18066-2	刘占峰，宋力等	28	2013.8
36	汽车CAD技术及Pro/E应用	978-7-301-18113-3	石沛林，李玉善	32	2014.1
37	汽车振动分析与测试	978-7-301-18524-7	周长城，周金宝等	40	2011.3
38	新能源汽车概论	978-7-301-18804-0	崔胜民，韩家军	30	2013.6
39	汽车空气动力学数值模拟技术	978-7-301-16742-7	张英朝	45	2011.6
40	汽车电子控制技术(第2版)	978-7-301-19225-2	凌永成，于京诺	40	2012.5
41	车辆液压传动与控制技术	978-7-301-19293-1	田晋跃	28	2011.8
42	车辆悬架设计及理论	978-7-301-19298-6	周长城	48	2011.8
43	汽车电器及电子控制技术	978-7-301-17538-5	司景萍，高志鹰	58	2012.1
44	汽车车身计算机辅助设计	978-7-301-19889-6	徐家川，王翠萍	35	2012.1
45	现代汽车新技术	978-7-301-20100-8	姜立标	49	2013.7
46	电动汽车测试与评价	978-7-301-20603-4	赵立军	35	2012.7
47	电动汽车结构与原理	978-7-301-20820-5	赵立军，佟钦智	35	2012.7
48	二手车鉴定与评估	978-7-301-21291-2	卢伟，韩平	36	2012.8
49	汽车微控制器结构原理与应用	978-7-301-22347-5	蓝志坤	45	2013.4
50	汽车振动学基础及其应用	978-7-301-22583-7	潘公宇	29	2013.6
51	车辆优化设计理论与实践	978-7-301-22675-9	潘公宇，商高高	32	2013.7
52	汽车专业英语	978-7-301-23187-6	姚嘉，马丽丽	36	2013.8
53	车辆底盘建模与分析	978-7-301-23332-0	顾林，朱跃	30	2014.1

相关教学资源如电子课件、电子教材、习题答案等可登录 www.pup6.com 下载或在线阅读。

扑六知识网(www.pup6.com)有海量的相关教学资源和电子教材供阅读及下载(包括北京大学出版社第六事业部的相关资源)，同时欢迎您将教学课件、视频、教案、素材、习题、试卷、辅导材料、课改成果、设计作品、论文等教学资源上传到pup6.com，与全国高校师生分享您的教学成就与经验，并可自由设定价格，知识也能创造财富。具体情况请登录网站查询。

如您需要免费纸质样书用于教学，欢迎登陆第六事业部门户网(www.pup6.com)填表申请，并欢迎在线登记选题以到北京大学出版社来出版您的大作，也可下载相关表格填写后发到我们的邮箱，我们将及时与您取得联系并做好全方位的服务。

扑六知识网将打造成全国最大的教育资源共享平台，欢迎您的加入——让知识有价值，让教学无界限，让学习更轻松。

联系方式：010-62750667，童编辑，13426433315@163.com，pup_6@163.com，欢迎来电来信咨询。